唯当勤精进

北京理工大学精工书院网络思政教育作品选编

主　编　方　蕾
副主编　张盟初　于　满
编　委　周依唯　胡云霞　靳　芬　田　昊
魏禹吉　刘艳晴　王益平　耿宝群
郝力晖　张　睿

北京理工大学出版社
BEIJING INSTITUTE OF TECHNOLOGY PRESS

图书在版编目（CIP）数据

唯当勤精进: 北京理工大学精工书院网络思政教育作品选编 / 方蕾主编. --北京 : 北京理工大学出版社，2021.4

ISBN 978-7-5682-9692-2

Ⅰ. ①唯… Ⅱ. ①方… Ⅲ. ①高等学校 - 思想政治教育 - 中国 - 文集 Ⅳ. ①G641-53

中国版本图书馆CIP数据核字（2021）第060279号

出版发行 / 北京理工大学出版社有限责任公司
社　　址 / 北京市海淀区中关村南大街 5 号
邮　　编 / 100081
电　　话 /（010）68914775（总编室）
（010）82562903（教材售后服务热线）
（010）68948351（其他图书服务热线）
网　　址 / http ://www. bitpress. com. cn
经　　销 / 全国各地新华书店
印　　刷 / 三河市华骏印务包装有限公司
开　　本 / 710 毫米 ×1000 毫米　1/16
印　　张 / 13.5
字　　数 / 198 千字
版　　次 / 2021 年 4 月第 1 版　2021 年 4 月第 1 次印刷
定　　价 / 68.00 元

责任编辑 / 李慧智
文案编辑 / 李慧智
责任校对 / 周瑞红
责任印制 / 李志强

前言

“做好高校思想政治工作，要因事而化、因时而进、因势而新。要遵循思想政治工作规律，遵循教书育人规律，遵循学生成长规律，不断提高工作能力和水平。”高校思想政治教育不仅传授知识，更有助于促进大学生认知、情感和意志的有机统一。在具体工作中，要坚持把立德树人作为根本任务，时刻把培养什么人、怎样培养人、为谁培养人这一根本问题贯穿于学生教育管理全过程。

高校思想政治工作的任务是传导主流意识形态，教育引导学生正确看待、辩证认识、理性分析现实问题，辨明大是大非、真假黑白，在对社会假恶丑现象的批判中弘扬真善美，培养学生的爱国主义情怀，用中国梦激扬青春，为学生点亮理想的灯，照亮前行的路，鼓励学生坚定文化自信，树立独立思考和面对困难的积极态度，引导学生做社会主义核心价值观的坚定信仰者、积极传播者、模范践行者。

面对时代挑战，只有深入把握思想政治教育规律，充分利用新机遇，才能提升思想政治教育的实效。党的十八大指出“要加强和改进网络内容建设，唱响网上主旋律。加强网络社会管理，推进网络规范有序运行”；党的十九大报告八次提到互联网，指出要“加强互联网内容建设，建立网络综合治理体系，营造清朗的网络空间”。同时强调了“落实意识形态工作责任制，加强阵地建设和管理”的重要性，鼓励各行业善于结合实际创造性推动工作，善于运用互联网技术和信息化手段开展工作。上述文件的出台和政策的制定，对高校网络思想政治教育工作提出了更紧迫、更具体的任务和要求。运用新媒体开展思想政治教育工作是高校思想政治教育发展的新方向。

2016 年以来，各高校贯彻全国高校思想政治工作会议和全国宣传思想工作会议精神，落实教育部相关工作部署，着力开展一系列针对网络宣传工作的顶层规划和综合统筹，建立健全网络文化建设管理体制机制，加强组织领导，形成了统筹谋划、系统设计、整体推进的良好格局。据统计，目前全国每个高校平均有 200 个以上的各类校园网络平台，既有门户网站、主题教育网站，也有微博、微信等新媒体平台，形成了主题鲜明、分工协作的网络思想政治教育平台体系，越来越多的新媒体平台逐步取代了传统网络平台的功能。

为进一步深入贯彻落实《北京理工大学思想政治工作质量提升工程推进计划(2018—2020 年)》通知要求，北京理工大学精工书院结合日常工作，积极探索网络育人方法，深入推进网络育人实效，以“BIT 精工书院”微信公众号为平台，于 2020 年正式建立“精工覃思”新媒体工作室。工作室自成立以来，始终坚守思想阵地，全面贯彻党的十九大精神，把持续深入学习习近平新时代中国特色社会主义思想作为工作主线和首要任务，树牢“四个意识”，坚定“四个自信”，坚决做到“两个维护”，深入推进社会主义核心价值观学习，秉承“采录万象、发声你我”的宗旨，以“打造有温度的校园媒体”为目标，坚持“用最犀利的视角挖掘身边的平凡与不平凡”，在书院制改革的背景下探索更优化的运营模式，竭力创造更优秀、更吸引人的文化产品，服务师生校园生活，打造精工特色宣传形象，以新媒体的方式，融入学生群体，努力传递正能量。

结合新媒体的传播特性，以及青年学生的思想特点，工作室紧扣“校园文化建设”一大主题，围绕以下几个方面不断拓展工作范围：

一是打造有温度、有灵魂的新媒体平台，实现花样内容时效互动。网络思政与传统思政的主要区别在于网络具有更强的时效性和互动性，网络思想政治以文字推送形式为主，鼓励以音频、视频、绘画、摄影、H5 等多种生动有趣的形式呈现，利用公众号的互动功能，引导学生发表感想、阐述疑问。

二是建设接地气、有灵气的校园文化，推动思政内容有效抵达。广泛利用新媒体的传播优势，将新闻总结、党中央文件发布、全会发言文稿等，转变成“一图读懂”系列等学生易于接受的表达方式和推送形式，实现思政教育效果最大化，丰富校园文化内涵和内容。

三是创新有层次、分步骤的教育模式，实现教育效果零存整取。通过丰富多彩的活动，把高校思想政治教育内容以循序渐进、零存整取的方式融会于学生的日常生活学习中，鼓励学生积极投稿，敢于创作，勇于创新，活跃文化氛围，让学生通过阅读定期推送的信息在潜移默化中整体塑造正确的价值观。

四是推出有文化、有影响的工作室品牌，推动优秀文化传承融合。结合现有工作基础，持续推进精工书院新媒体工作内容，拓宽中国传统文化宣传，不断加强原创新媒体作品创作工作，探索新渠道，拓展新宽度，努力推出更多更优质的原创校园文化作品，实现北京理工大学红色传统和文化积淀的时代传承。

工作室推出“精系列”原创网络思政教育板块，是以上内容的集中体现。传统推送较多地考虑“传”的过程，较少考虑“达”的效果。当代大学生具有较强的独立思考能力，单一的网络思政教育无法满足学生发展需要，甚至使学生产生抵触心理。“精系列”坚持以学生为中心，从学生实际需要出发，面向学生群体征集稿件，创新思政教育输出模式，让学生回归思政教育的主体地位，发挥学生自我教育的主体性，从而达到提高思想政治教育质量与效率的目的。“精系列”依托于新媒体平台构建的文化阵地，引导青年学生结合个体感受、思考去传播积极内容，立足于理智分析和独立判断。工作室通过征稿、投稿、审核的方式将学生的所感所悟通过汇集新思想、传播正能量的公众号平台推出，扩大文章受众范围，将思想引领和青年学生真正面临的问题困惑紧密结合，推动学生自我学习和成长。

“精系列”原创网络思政教育围绕五大板块进行征稿，分别是：

——精聚焦。关注时事热点，并加以系统总结和深度阐释。

——精时评。围绕时事热点，归纳观点，发表见解。

——精感悟。以书评、影评、人生感悟等体裁，畅谈人生理想以及欣赏文艺作品的感受。

——精榜样。对身边的同学、团员、党员进行事迹采写，或学生对自己的故事进行描述和议论，书写榜样故事，展示自我风采。

——精诵读。以音频或视频的形式诵读经典诗歌、文章，用最平实的情感读出文字背后的价值。

经过半年多的探索，工作室建立健全了新媒体工作送审流程、推送流程、原创推送准备流程等，不断规范作品审核制度、作品发布制度以及平台运营制度，形成制度性的审稿流程、审核人、审核标准、审核周期等，打好原创推送提前量，缩短推送时间，提高推送实时性，推进育人成效。“精系列”一年里共审核发布推文130余篇，内容包括国际形势分析、社会现象观察、读书观影感悟、自我成长探索等，有多篇被其他公众号转载。本书精选“精系列”优秀文章65篇，分“家国情怀”“人文素养”两个篇章。在这些文章中，撰稿同学或表达浓烈爱国情怀，或畅谈学习生活体悟感受，或结合疫情弘扬抗疫精神，思想积极向上，观点鲜明独到，文风清新朴实，展示了当代大学生的精神风貌和时代担当。希望本书的出版能进一步发挥学生群体中的榜样力量，以点带面，引导更多大学生认清重任在肩，以传递新思想、正能量为使命，珍惜时光，砥砺意志，努力担负起时代赋予的使命与责任，通过学习、思考、实践，去追求更有高度、更有境界、更有意义的人生。

习近平总书记寄语青年：“青年兴则国家兴，青年强则国家强。青年一代有理想、有本领、有担当，国家就有前途，民族就有希望。”大学生网络思想政治教育的重要性和紧迫性时刻激励着我们不断改进工作思路，创新工作方法，探索工作抓手，加大力度着手运用网络信息技术，拓展多途径提高大学生网络思想政治教育的实效性，扩大大学生网络思想政治教育的影响力，引导学生筑牢信仰之基、补足精神之钙、把稳思想之舵。这就要求我们以更加饱满的热情和逐步创新的举措推进新媒体思政教育的长足发展，将新媒体思政平台建设提升到战略高度，使其能够在中国特色社会主义新时代的道路上，在全面建设社会主义现代化国家的新征程中充分发挥作用，为构建全方位、立体式、全过程的大学生思想政治教育整体化模式提供具有北京理工大学精工书院特色的解决方案。

本书在成稿的过程中，依托“精工覃思”新媒体工作室征集了诸多意见建议，出版过程中得到了学校领导及相关部门的大力支持，在此一并感谢。

目录

荡气回肠，只因家国情怀无限

《大开放》
——于黑暗中踏出一条希望之路

王太岩

如今，改革开放已走过了40多个年头，从刚开始的一穷二白、百废待兴到如今的繁荣昌盛，我们国家发生了天翻地覆的变化。这些离不开40多年来党和国家的正确领导以及人民百姓的艰苦奋斗。最近，我就看到由一位叫龙安志的美国学者写的一本书，名叫《大开放》，这本书记录了40年来中国如何通过改革开放富起来的艰辛历程，同时也引发了我对发展的一些思考。

龙安志（Laurence Brahm）是一名全球社会、经济、政治趋势观察家，作家。他1981年第一次来到中国，在南开大学学习法律和中文。后来在北京一家美国律师事务所分部工作。他在中国生活工作近40年，既经手过许多外资企业进入中国市场的工作，又深入接触过中方高层，见证了许多中国改革开放政策的制定实施。他还游历中国的西藏、云南等地并拍摄了许多纪录片，积极倡导生态和文化可持续发展。本书就是介绍他对中国从经济建设到保护传统文化和生态环境等方面的一系列见闻和思考。

改革开放的历程，用邓小平同志的话说是“摸着石头过河”，本书详细阐述了中国领导人在改革开放中是如何一点点摸索出克服困难的办法的。20世纪80、90年代，虽然我们国家经济发展迅速，改革开放取得初步成效，但是新的问题接踵而至：通货膨胀严重；企业生产效率低下；混乱的“三角债”让银行和国企濒临崩溃……如果不能解决这些问题，就会使十几年的改革开放功亏一篑。面对危机，邓小平审时度势，发表南方谈话，彻底明确了中国发展方向；朱镕基总理雷厉风行，着手国企改革，成立“资产管理公司”巧妙地清理了国企债务，成功化解了危机。

为了进一步发展经济，朱总理还提出了“一个确保，三个到位，五项改革”的方案，涉及财政、医疗、养老、住房各个方面，深刻影响了中国经济的发展。此外，书中还提到了如类似中医疗法的“渐进式理论”，关注社会心理的“羊群效应”等许多中国领导人的治国秘诀，这归功于中国共产党广大领导干部的积极探索。

纵观中国共产党的历史，像极了一个企业筚路蓝缕的创业发家史。由最初的依靠共产国际，依靠中心城市暴动到后来的农村包围城市，建立农村革命根据地，中国共产党人意识到了完全照搬苏联模式行不通，于是不断反思教训、总结经验，最终取得了中国革命的成功，并淬炼出了伟大的思想理论——毛泽东思想。这既是中国人讲求“实用主义”的生动体现，也是马克思主义“具体问题具体分析”方法论的成功应用。

包括后来诞生的邓小平理论、“三个代表”重要思想、科学发展观、习近平新时代中国特色社会主义思想，无一不是靠不断实践摸索总结出来的。正如本书开头引用的鲁迅《故乡》中的那句名言：“希望本是无所谓有，无所谓无的，这正如地上的路；其实地上本没有路，走的人多了，也便成了路。”

历史证明，一个国家的希望不能指望外界给予，而是要靠自己创造。革命时代有“五四”精神，有全民族抗战，和平年代有“两弹一星”精神，有生态文明建设。正是由于党和国家领导人的审时度势、运筹帷幄以及广大中国人民的勤劳勇敢、艰苦奋斗才将中国从民族危机空前的绝望中拉了出来，并走向中华民族伟大复兴的希望之路。

国家的复兴之路尚且需要如此艰辛的探索，个人的成才之路更需要不断尝试。从小到大不止一遍听过老师说要找到适合自己的学习方法，也听过很多学长学姐说要珍惜校园里试错成本还很低的时光，现在想想非常有道理。

人生在世，不得不面临许多人生抉择与挑战，要想好好活就要趁早积累经验，不断尝试新事物。我很惭愧自己没有听取别人的劝告，曾浪费大量时间玩手机，其实心里也觉得很空虚。现在想想，大学是一个自由丰富的平台，我目睹过周围同学参加各种学生活动，尽管有时因各种原因会失落、烦恼，但起码算丰富了人生阅历，知道什么适合自己，什么不适合，在勇敢尝试后多一份从容与理性，从而找到最适合自己的那条路。

总之，本书为我们呈现了更加全面的中国40年改革开放历程，我们既创造了辉煌，也经历了失败，但总体上我们是朝着充满希望的道路前进着的。在这条寻找希望的路上我们必能行稳致远，这条路必将为世人称赞。

《一个都不能少》
——最打动人的依旧是真情

单子骞

2000 年 10 月 31 日，《一个都不能少》在 7 000 公里外的冰岛上映，地球另一端的人们虽处于截然不同的生活环境之中，却也为这部朴实的中国电影所打动。整整 20 年来，无数华语电影在各大影展斩获大奖，一部部制作精良、画面唯美的影片出现在我们的视野当中，让我们感受到艺术与科技碰撞的魅力。拨开历史的年轮，静下心来，回味 20 年前这部靠着极小的制作成本却能拿下威尼斯金狮奖的影片，很多细节值得我们慢慢品读和回味。

● 水泉小学的高老师要回家看望病重的母亲，村长从邻村找来魏敏芝给高老师代一个月课。高老师见魏敏芝只有十三岁，教不成书，不想要。村长说，找这么一个人不容易，她能给你把娃看住，先让她凑合一个月等你回来再说。水泉小学原先有三四十个学生，每个新学期开学都有学生流失，直到只剩二十八个人。高老师临走时再三叮嘱魏敏芝，一定要把学生看住，一个都不能少。

电影就这样展开了，一个都不能少，一个看似简单的任务却成为本片的主题。

● 魏敏芝整天让学生抄课文，每天清点人数，谁要把学生弄走，就跟谁急，连村长的话也不听。学生见她人小，又不会上课，不听她的，有的故意跟她捣乱，弄得教室里乱哄哄的。她不顾不问，只是守在教室门口，不到时间不让走。

我第一次看这部电影是在初中，当时觉得这段情节是比较诙谐幽默的，没有乐器，没有专业的音乐老师，魏老师就自己边唱边跳教学生《我们的祖国是花园》，有点跑调，舞步也略显稚嫩。其实现在回过头来看，我更多感受到的是那个年代教育资源匮乏的大背景下学生们努力自我求知的无奈之情。

● 十岁的张慧科因家里欠债无力偿还，不得不失学到城里打工。魏敏芝记住高老师临行前的叮嘱，决心进城把张慧科找回来。进城的车票钱从哪里来？魏老师就和全班学生一起去砖厂搬砖，最后除了挣了车票钱，还余下六元钱。于是老师就给大家买了两瓶可乐，一人一口传着尝一尝。

看到这里，我已经感到鼻头一酸了。20 年来，一瓶可乐的价格始终是 3 元钱未变，变的是生活物质条件的巨大进步，在现代人日益浮躁的心态下，再难以重温当年那种“喝一口可乐”的满足感了吧……

● 好不容易进了城，魏敏芝开始了茫茫人海里的寻找，这段情节也是最催泪的。她用仅剩的一点钱买了纸和笔，写了几百张的寻人启事，直到墨水用干几乎看不清字迹了才停止书写。写完后却被人告知寻人启事根本不管用，而那几百张寻人启事随着她露宿街头也被风吹得无影无踪。得知去电视台有用，她就在电视台门口苦等，终于在电视台台长的帮助下，找回了张慧科并得到了好心人的帮助，得到了大量的粉笔和文具。

从这些个情节中，我们可以深深体会到张艺谋导演的良苦用心。他把一个无助者的形象刻画得如此到位，将全球亿万观众与魏敏芝的内心联系在了一起，催人泪下，扣人心弦，不愧是“国师”！

这是张艺谋首次使用一班非专业演员出演电影，据说这是有史以来第一部全部采用非职业演员的中国电影。电影中角色全部使用人物原名，最大程度地还原了那个年代中国乡村教育的真实性。依稀记得初中看这部电影，老师让我们写观后感，同学们写的不外乎就是我们现在的学习条件和他们相比有多好，因此要好好学习。现在在大学，再看这部影片，所感所思所想甚多。

一部影片可以改变一个人的命运，但却无法改变一个地区贫困落后的教育面貌；一个导演可以给自己影片的结尾涂抹上一层浪漫主义色彩，但却无法给严峻的社会现实涂抹上同样的浪漫主义色彩。故事的结尾，水泉小学得到了好心人帮助，他们带来了大量的生活用品、书本和食物，接受捐助的孩子们喜气洋洋。但在那个年代，乡村小学的孩子们可能依旧是看着夕阳，等待放学，上到初中就辍学打工……这是那个年代中国乡村教育的普遍现象。

经过了 20 年的发展，我们的乡村教育得到了很大的改善，一栋栋崭新的教学楼在乡村拔地而起，德、智、体、美在乡村教育全面推进。刚刚出炉的“十四五”规划中明确提出，教育事业要以高质量发展为主题，落实经济社会高质量发展要求，推动教育发展方式向提高质量转变，促进教育的规模结构效益相协调，扩大优质教育资源覆盖面，不断增强教育的服务力和贡献度。相信我们的教育事业会更加全面地向前发展！

《中国震撼》
——中印对比下的中国发展的思考

曹俊维

印度和中国都是在脱离帝国主义的殖民后建立了自己的国家。中华人民共和国成立时，两个国家在这个方面的指标是接近的，印度的起点甚至还略高于中国。不同的是，中印两国选择了不同的制度和发展道路，得到了不同的结果。对比两个国家的情况，将给我们带来关于国家治理的思考。

无论是国内还是国外，不少人都喜欢将中印放在一起进行对比，在一定的历史时期，人们曾称中印发展的竞争为“龙象之争”。原因在于这两个国家不仅在地缘上是近邻，国家本身也具有高度相似性。进入新世纪以来，人们普遍接受了中国强大的事实，自然也不再把中国和印度视为同一水平的竞争者。本文将从中印实力出发，从对比的角度，分析中印之间差别产生的原因，从而总结出中国发展的部分经验。

中印实力发展概述

印度独立于 1947 年，中华人民共和国成立于 1949 年，时间相近，两国人口也处于同一水平。直到今天，中印仍然是世界上人口最多的国家。中印两国经济发展曾经长期处于相似水平，印度经济发展曾经一度略超过中国，1980 年印度的人均 GDP 超过中国 1 美元。历史车轮滚滚向前，中国在自己的发展模式下快速前进。直到今天，国际社会不仅开始正视中国的发展，也逐渐意识到，印度和中国的实力差距还会进一步扩大。站在今天的角度，我们发现，印度的经济总量只相当于中国 2005 年的水平，中国的人均 GDP 是印度的 3 倍还要多，印度的贫困人口占印度人口的 1/3，而中国在 2020 年就已实现全面小康、所有人口脱贫……在巨大的反差之下，我们不禁会思考：造成两国之间差距的原因是什么？

印度为什么落后于中国

阎学通教授曾经提出一个衡量大国综合实力的计算公式：综合国力 = 政治实力 ×（军事实力 + 经济实力 + 文化实力）。政治实力是处于一个成倍数放大和缩小的地位。那么，印度落后于中国最主要的原因之一是政治上落后于中国。那么，想要找到政治上落后的原因，我们应该从政治制度上开始入手。

中印两国采用了不同的政治制度。相较于中国，印度采用了西方眼中“先进的民主制度”。可是，西方很难回答：为什么在“先进”的制度之下，印度最开始和中国各项发展指标相近，而如今却远远落后于中国？首先，永远不能绕过去的便是印度的种姓制度。印度与中国相比，本身就具有更加复杂的宗教体系，印度教衍生出来的种姓制度在印度国内根深蒂固——人从出生开始就被分出了三六九等。尽管不少人会说，印度在法律上早已废除了种姓制度，可是从人们的意识上、从社会运行中，根深蒂固的种姓制度仍然没有得到有效去除，这也严重束缚了印度的现代化。在现代化中，一项重要的指标就是消除贫困。在种姓制度影响下的印度，贫困很难得到根本性的解决，不然这无法解释为什么在孟买这样的印度发达都市，还能见到大量贫民窟。其实这样的情况也很好解释，中国可以在党中央的统一部署下，各级地方政府高效进行脱贫攻坚，可是印度高种姓的官员会为低种姓的民众解决贫困问题吗？从民众本身来看，种姓制度也是对人的思想的戕害。我们全民会有“撸起袖子加油干”的精神状态，我们大多数中国人相信，通过高考、通过自己的奋斗，能够改变自己的命运。可是在印度，这样的进取意识是不会存在于低种姓的人之中的。在这样的束缚之下，印度人口的数量很难转化为人口红利，可以说国家的发展不是全民在推动。从国家宏观层面来讲，中国这样的全民进取的状态能够给民族复兴注入持久的动力，尽管每个人可能会在奋斗的路上感受到艰辛和困难，但民众的奋发向上就是国家发展和民族复兴的微观过程。

无法废除种姓制度，意味着穷人失去了改变自己命运的机会。其次在印度，妇女也没有得到真正意义上的解放。我们知道，中国是在 1949 年前后开始推动妇女解放，毛主席也曾经说过：“妇女能顶半边天。”印度尽管和中国一样推动了义务教育，但是落实和普及程度却远远赶不上中国。在印度的农村，妇女的文盲率远高于男人，教室里女生的比例也赶不上男生。曾经访问印度的张维为教授在其书中写道：从中国去印度访问，就会发现妇女可以从事的工作比中国少很多，虽然在大城市里白领阶层中女性有一定的比例，但在绝大多数的旅馆、餐厅、商店和银行里，女职员人数都大大低于男职员的人数，女企业家、女商人更是凤毛麟角。我们分析也会觉得，构成社会一半人口的女性，如果她们的智慧和能力被束缚，那么对整个社会来讲必定是很大的损失，因为这一部分人不能很好地将自己的才能用来推动国家的进步，这或许是回答中国发展速度快于印度的原因之一。

最后是土地改革的问题。依据中国的发展道路，我们可以发现，发展中国家想要调动占本国人口大多数的农民的积极性，就要解决土地改革的问题。早在中华人民共和国成立之前，党中央就着手在解放区进行土地改革，使得大量的农民获得了土地。一个很简单的道理在于：若是给地主打工，农民是不会有积极性的，而若是自己耕耘，自己收获，我相信勤劳的农民是愿意付出的。前者，会有大量的人被剥削甚至吃不饱肚子，后者，却能够得到大量的产出。这或许也回答了印度的粮食产量为什么远远低于中国。印度开国总理尼赫鲁本身是想推动土地改革的，但遗憾的是尼赫鲁所代表的国大党本身就是地主利益的代表，在这种情况下，尼赫鲁不得不妥协，将土地改革下放到邦一级的地方政府去解决。可是，这样一项大的国家决策，如果没有一个强势有为的中央政府来统筹推进，其真正的效果会有多少，是值得怀疑的。

因此我们能够得到一个粗略的结论：印度落后于中国，在政治制度上就已经决定了。我们可以把印度的发展现状简要概括为：其身体已经进入现代，可是它的头脑仍然处于近代甚至古代。印度无法进行深刻的社会革命，如土地改革、妇女解放、真正地废除种姓制度等，因此没法像中国这样实现人的比较全面的发展。

对比之下的中国发展经验

通过上述对中印两国在政治上的对比，我们已经能够得出两国在发展路径上的不同，其实这体现在方方面面，碍于篇幅，本文不再讨论上述阎学通教授公式中提及的文化和经济方面对综合国力的影响。2019 年是中华人民共和国成立 70 周年，我们将这 70 年划分为两个部分，第一个部分是前 30 年，第二个部分是后 40 年。在与印度的对比当中，我们可以更好地梳理中国在这两个阶段干了什么事，使我们逐渐领先了同一水平的印度而逐渐成为这个世界上最接近美国的国家。

在我们国人的眼中，记忆最深刻的显然是中国在 1978 年推行的改革开放，而对前 30 年老一辈领导人治理下的中国关注较少。因此，我更想强调中国的前 30 年。事实上，上文提及的土地改革、妇女解放以及未提及的扫盲运动和建立工业体系等，都是在前 30 年完成的。这 30 年相对于之后的现代化建设，就类似于学前教育之于上学。正是这 30 年，我们扎扎实实地创造了现代化的前提条件，使得我们在之后 40 年的现代化建设中特别是在和印度的竞争中保持“过人的禀赋”（先发优势）。在这方面，印度做的功课显然不够，这或许也能够解释为什么两国的差距不断拉大。举一个最具代表性的例子，2019 年中国吸引外资 1 400 亿美元，印度是 490 亿美元。中国人力成本更高，那么为什么印度吸引外资更少？答案或许在于中国的基础配套设施（包括水、电、气）能够有效保障，中国的劳动力素质更高等。这两项吸引外资的优势从前30年就开始积淀了（建立独立的工业体系+扫盲运动）。在此，我也有理由推断，在国防领域，印度不能采用中国这样的发展模式，有很大一部分原因可能是由于少了前30年的积淀（没能为国家现代化所需的大量人才打造出坚实的教育基础）。

鉴于这样的推断，我认为现代化想要顺利地实现，就要在之前彻底去除和现代化本身背道而驰的各种阻碍。那么我们也可以将中国发展的经验总结为：在现代化开始之前，国家需要一个初始阶段来整顿内政，从而达到为现代化扫除障碍、为现代化储备人力、打造一套符合现代化需要的政治和社会制度的目的。

把握中国优势，展望中国未来

许毅

2020的开年很不平凡，一场突如其来的新冠肺炎疫情给中国乃至全世界都按下了暂停键，但即便是无法返校正常上课，我们“停课不停学”的理念很好地支撑着我们进行云学习。不久前结束的疫情公开课请到了来自多所高校及教育部的老师们，他们对此次疫情从多个角度进行了分析，让我收获颇丰。

从治理效果看中国方法

“控制传染源、切断传播途径，预防为主，保护易感人群”的抗疫方法在这次抗击新冠疫情中发挥了巨大的作用。其实在过去的公共卫生事件中，这种方法就有所体现。

抗美援朝时期，美国发动细菌战，中国迅速发动爱国卫生运动——“除四害”以控制传染源、切断传播路径；血吸虫疫情时，中央立即成立防治血吸虫病领导小组，组织全体人民“开新渠，填旧渠”以消灭钉螺并科学处理粪便，达到了控制传染源、切断传播路径的效果……

由此可见，中国独有的“爱国卫生运动”在各种疫情中都有显著的治理效果。在此次新冠疫情中对武汉封城，是一个无比艰难的决定，但有效地切断了病毒传播路径。

与疫魔较量还有另外一个战场，那便是更加难打的心理战。面对此次疫情，人们难免会出现焦虑、恐慌、暴躁、抑郁、孤独、自卑自责、盲目乐观等情绪。当我们察觉自己有心理问题的时候，可以用观察法、交谈法、心理测量法进行评估，养成规律作息、健康睡眠的好习惯，适当进行体育锻炼，增强与家人的沟通，在情绪低落时学会宣泄情绪……

疫魔并没有那么可怕，只是我们焦虑恐慌的心理故意夸大了它的形象，人为地增加了它的威慑力。因而，正确认识疫情，以良好的心态面对疫情是我们能够打赢这场疫情阻击战的基础！

国际对比看中国优势

突发的新冠肺炎疫情对中国特色社会主义制度、国家治理体系、治理能力、党的执政能力都是重大的考验，但与此同时，正是因为有了这样的考验，中国特色社会主义制度的显著优势才不同程度地得以体现。

同样是发生在2020年初的美国流感，其政府采取的措施不过是呼吁人们打疫苗，导致了很多人过世；澳大利亚火灾发生的时候，他们的总理却外出度假；非洲蝗灾也同样是面临着没有具体防控措施的局面；日本对钻石公主号事件的处理效率极低。

与国际事件对比，中国的政府始终站在人民的一侧，它所部署的战略也十分有针对性。中国奇迹之所以能够发生，从软实力上来讲，离不开中国共产党的领导力以及中央的组织能力，更离不开中国公民的牺牲精神；从硬实力来讲，中国的科技力量使中国仅用7天就分离出了毒株，中国的工业能力使中国在短时间内建成火神山、雷神山两座医院。

复盘肺炎疫情，展望中国未来

尽管疫情对中国和世界其他国家产生了不同程度的冲击，但这也是中国

“转危为机”的大好时机！首先，美国不当的防控措施势必会让美国政府有所反思，这便有可能缓解其逆全球化的趋势。其次，中国将抗疫方法毫无保留地分享给世界势必会让抹黑中国的国家有所反思，中国社会主义制度的优势也很好地得以展示。

那么我们具体应该怎么做呢？第一，推进防疫工作、经济生产工作、国际合作；第二，对外引领以“疫情防控”为主题的全球治理新进程；第三，树立“捍卫民主利益”的国际新作风；第四，力保全球产业链的中国地位，重启中国领先世界经济的新引擎；第五，有信心打赢“病毒阻击战”“经济复苏战”“民主保卫战”“国际舆论战”“中美博弈战”。

作为年轻一代，我们亲身经历了这场突发公共卫生事件，我们也亲眼见证了伟大的中国特色社会主义制度的优越性！因而，我们要做到专业、健康、精忠报国。学好自己的专业是为祖国做贡献的基础，拥有健康的身体保证了我们能为社会做更多的贡献，而“精忠”二字则是强调无论我们将来从事什么岗位，报国的初心始终不会改变！

不忘初心勇抗疫 牢记使命保家国

黄竞辰

2020 年初，新型冠状病毒给全人类带来了冲击，让春节充斥着灰暗的气氛。在这场战役中，中国面临的挑战之严峻是世界其他国家都无法想象的。新型冠状病毒是人类未知的一种传染性极强的病毒，它的隐蔽性强，在感染的患者中还会出现无症状感染者，防治十分困难。同时，武汉作为疫情比较严重的地区在地理方位上处于交通枢纽的位置，进一步加大了疫情防控的难度。不过可喜的是，在疫情发展的初期，中国对新冠病毒就给予了高度重视，全国人民众志成城，万众一心，齐心抗击新型冠状病毒。现如今，国内的疫情已经基本稳定，相较于美国一百多万的确诊人数，我们不得不感叹中国共产党的领导与中国特色社会主义制度具有极大的优越性。在党的十九大报告中，习主席说:“中国共产党人的初心和使命，就是为中国人民谋幸福，为中华民族谋复兴。”在这次疫情中，中国共产党极强的决策能力和领导能力也极好地印证了这句话。

在新型冠状病毒疫苗还在研制当中时，部分西方国家放弃抗疫，不愿以减缓经济发展速度为代价采取疫情防控措施，对于人员聚集的行为也并不加以阻止。这些选择或是自私地追求个人利益，或是片面地追求国家经济进步，而忽略了人民的身体健康状况与民生问题。

如果我们将中国与这些国家进行横向对比，就能看出中国共产党一直坚持全心全意为人民服务的宗旨，以及坚持以人为本、致力于保障与改善民生的思想。在疫情爆发之后，党和政府高度重视全国疫情的发展情况，有效地发挥集中力量办大事的制度优势，集中统一地调动 4 万多名医护人员赶赴疫区，在短时间内向灾区投放了大量的资金。全国各地的物资，例如口罩、防护服也纷纷向灾区集中。在经过多重讨论之后，党中央慎重又迅速地做出了武汉封城的决定。其实，2020 年是我国全面建成小康社会的收官之年，这一年的经济发展状况是至关重要的，我们党和国家想要大力发展经济的心也是迫切的。然而，面对使人民生命受到威胁的新型冠状病毒，中国共产党不顾经济压力与西方媒体的恶意抹黑，以“壮士断腕”的决心封住了武汉这一大城市。因为中国共产党从未忘记，他们的初心与使命是为中国人民谋幸福，为中华民族谋复兴。

除了有效地制定政策，在疫情中，中国共产党党员也总是冲锋在最前线，领导人民群众积极有效抗击疫情，把党中央的要求落到实处，确保每一项政策在基层都得到落实。令人敬重的钟南山院士、李兰娟院士都是中国共产党党员。各级党组织和广大党员、干部也充分发挥先锋模范作用。当接到建立火神山、雷神山两大医院的命令后，无数的基层工作者夜以继日，加紧建造医院，只用了十几天的时间就将两所医院交付使用；当收到研究新型冠状病毒的命令后，广大科研工作者努力工作，仅仅在一周的时间内就分离出了毒株。这些中国奇迹就是中国共产党为了全国人民的生命安全做出的努力，也是为了让十九大报告中那句有关初心的宣言不成为一句空话而付出的实际行动。正如基辛格在《论中国》中所说：“中国人总是被他们之中最勇敢的人保护得很好。”

面对疫情，把人民群众的生命安全放在第一位，同时不忘发展经济，树立大国形象，中国共产党的决策是全面且英明的。中国共产党一直坚持从人民群众中来，到人民群众中去，不忘初心，牢记使命。在几十年前战火纷飞的年代，面对凶狠的敌人，中国共产党人总是主动要求背上炸药包，冲在最前面，保护身后的同胞；在几十年后面对肆虐疫情的今天，中国共产党人依旧勇敢地冲锋在最前线，用实际行动为中国人民谋幸福，为中华民族谋复兴。那些在抗疫一线的医护人员、军人、媒体记者们都是中国的脊梁，我们青年人应当向他们学习，树立以爱国主义为核心的民族精神，坚持中国共产党的领导，勇于担当，不断为祖国的发展与社会的进步奉献自己的力量。

传承长征精神，激扬奋斗青春
——读《万里长征亲历记》有感

杨城磊

你听，中央红军铿锵的脚步声响彻苍穹，三军过后尽开颜，欢声雷动千里岷山；

你看，五岭逶迤腾细浪，乌蒙磅礴走泥丸，红军手持红缨，勇缚苍龙。

翻开历史的书页，我的眼前浮现出一幅幅画面：红军二万五千里长征，翻越高耸入云的雪山，跋涉渺无人烟的草原，用生命和热血铸就了长征精神，诠释了共产主义伟大的生命力，创造了共产主义伟大的事业。

据《万里长征亲历记》这本书记载：1934年10月，第五次反围剿失败后，中央主力红军为摆脱国民党军队的包围追击，实行战略性转移，退出中央根据地，进行长征。在长征途中，中央红军一共进行了380余次战斗，共击溃国民党军数百个团。红军翻越了18座大山，跨过了24条大河，行程约二万五千里。1935年10月，红一方面军到达陕北，与陕北红军胜利会师。1936年10月，红二、四方面军到达甘肃会宁地区，同红一方面军会师。红军三大主力会师，标志着万里长征的胜利结束。

合上书，我的心情久久不能平静。红军长征的过程十分艰险，其中，飞夺泸定桥的过程给我留下了深刻的印象。

1935 年 5 月，红军向天险大渡河挺进。两岸是崇山峻岭，水流也十分湍急，河上只有一座铁索桥可以通过，那便是泸定桥。泸定桥本有百余米长，可是敌人为了阻止红军前进，拆去了八十多米的桥板。当时，红军面对的不仅有大渡河的天险，还有敌人的攻击。敌人在泸定桥的东桥头布置了机枪、炮兵两连士兵，形成了密集的火力，对泸定桥的桥面实行了严密的封锁和无死角攻击。

这对红军来说是一个巨大的挑战和困难，但是，任何危险都吓不倒共产主义者，任何艰难困苦都压不垮共产主义者的脊梁！勇士廖大珠一跃而起，向火力密集的东桥头扑过去，勇士们也都抽出马刀，冲过去与敌人展开了一场悲壮的白刃战。与此同时，身后的政委杨成武率领着队伍，勇猛地冲过东桥头，强烈地打击了敌人的嚣张气焰，成功地占领了泸定桥。

人民英雄，永垂不朽。红军士兵抛头颅、洒热血，将宝贵的生命献给了伟大的革命事业。长征是一个为革命事业奋斗的过程，在这一过程中，形成了大无畏的长征精神，它就像一把利刃，直劈那阻挡红军行走在革命道路上的顽石；它就像一盏明灯，照亮了红军前行的道路；它就像一团喷薄的火焰，在红军历经千难万险之后，终于燃烧成了天幕之中那抹灿烂的霞光。

我不由得想起北理工光荣的革命历史，宝塔山苍苍，延河水泱泱，我的眼前是一座座窑洞，耳边是一枚枚飞响的炮弹。怀揣着一颗颗拳拳赤子心，前辈们从延安一路走来，矢志报国的精神薪火相传。“谁说我们没有课堂？我们有着世界上最大的课堂。蓝天是我们的屋顶，高山是我们的围墙。”在炮火连天中，师生们胸怀祖国，艰苦奋斗，为革命的胜利注入了美好的光明。

而今，身处社会主义新时代，作为北京理工大学的学子，我们传承着从延安走来的红色基因，我们应当努力奋斗，弘扬坚忍不拔、自强不息、勇往直前的长征精神，向着“胸怀壮志、明德精工、创新包容、时代担当”的卓越人才这个目标不断奋进，勇担复兴大任，争做时代新人！

从《清平乐》看仁政与“中国之治”

于舒凡

《清平乐》作为正午阳光推出的年度大戏，讲述了北宋仁宗皇帝赵祯自少年登基、青涩冲动，到逐渐把控朝政、殚精竭虑治国爱民的故事。历史上的赵祯皇帝推行仁政，广开言路，勤政爱民，是一个不算完美的封建统治阶级仁君形象。党的十九大以来提出的中国之治，就是指自中华人民共和国成立以来，中国共产党领导人民治理国家的中国治理道路与中国治理体制。这是历史上从未有过的独特国家治理体系，体现着对解决政体、国体相关问题的中国智慧。

天下大治，一直都是古往今来千千万万治国者孜孜以求的理想，《清平乐》中的宋仁宗一生悉心呵护“言路通畅”“监督国君”的风气，执政期间，北宋河清海晏，科技和文化也得到了较大的发展。《宋史》赞曰：“《传》曰：‘为人君，止于仁。’帝诚无愧焉。”史家将其亲政治理国家的时期盛赞为“仁宗盛治”。天下大治，亦是中国共产党带领中国人民矢志不移的追寻。中国共产党领导下的中国之治，是历史上从未有过的新型国家治理体系。它不是“拍脑袋”的产物，不是凭空的想象，不是对中国历史传统的简单延续，更不是对与西方现代化发展的单调复刻。而是立足于社会主义制度与中国共产党的领导这个根本，汇聚了古今中外的有益经验，并融合了先进国家治理理论和现实经验的集大成者。

仁政与中国之治本质不同

《清平乐》中的宋仁宗推行仁政的本质是维护封建君主制。他一切行动的目的都是保证大宋江山不被动摇，并使天下永远在赵家人手中世代传承。“中国之治”则根源于党的坚强领导。“治国犹如栽树，本根不摇则枝叶茂荣。”“中国之治”的关键和根本就在于始终坚持中国共产党的集中统一领导。党的领导是战胜一切困难和挑战的“定海神针”。也正是因为这一点，中国人民才能够在中国共产党的领导下集中一切力量，在中华人民共和国成立以来的 70 年间持续快速发展。特别是 2020 年年初新冠肺炎疫情发生之后，以习近平同志为核心的党中央，把人民群众生命安全和身体健康放在第一位，把对疫情的防控作为当下最急需、最迫切的工作来抓，对疫情防控进行了全面动员、全面部署、全面加强。在疫情防控中，党中央通过统一的领导、协调、指挥和调度，团结力量、保证重点，充分发挥了党“总揽全局、协调各方”的核心领导作用。全国一盘棋，上下一条心，协力奋进，中国再次向世界展现出在应对重大风险挑战、克服艰难险阻上所具有的“中国力量”和“中国奇迹”。

仁政与中国之治核心不同

《清平乐》中的宋仁宗推行仁政的核心是为君王留美名。仁政是为封建君王服务的，只是在推行过程中一定程度上减轻了百姓疾苦。“中国之治”始终坚持以人民为中心，大力保障人民当家作主。民生幸福、社会稳定是我们奋斗的目标。“中国之治”一大优势就是坚持人民当家作主，坚持一切为了人民，一切依靠人民。面对来势汹汹的新冠肺炎疫情，面对突如其来的灾害，全体中华儿女勠力同心、攻坚克难、英勇奋战，抱着必胜的信心，打响了这场疫情防控的人民战争、总体战、阻击战。“积力之所举，则无不胜也”。在这场没有硝烟的战争中，中国特色社会主义制度优势得到充分发挥，疫情的扩散蔓延势头被有效遏制，最大限度地保障了人民群众的生命健康权益，得到国际社会的普遍支持和充分肯定，彰显了“中国之治”的鲜明特色。

仁政与中国之治的保障不同

《清平乐》中的宋仁宗推行仁政的保障是人治，一切政令颁布和推行的依据都是帝王的喜好。“征讨西夏，裁撤冗官，官员升迁”都是皇帝说了算，大臣只有进谏的权利，如果君王不采纳，谏官即使“碎首”亦是无用。而“中国之治”的坚实保障是法治。“法者，治之端也。”习近平总书记多次指示：要想开辟“中国之治”新境界，就必须坚持全面依法治国，夯实党和国家长治久安的基石。无论是人民当家作主制度体系、中国特色社会主义法治体系，还是中国特色社会主义行政体制，都是扎根于中国土壤、符合中国国情、经过实践检验的制度。中华人民共和国成立 70 年来，我们之所以能创造举世罕见的经济快速发展奇迹和社会长期稳定奇迹，背后正是一系列制度综合支撑的结果。因此，我们要不断总结和发挥这些国家制度与国家治理体系的显著优势，以向着实现“两个一百年”奋斗目标与实现中华民族伟大复兴而奋勇前行！

从人类命运共同体构建，到读书人的事事关心

徐知越

从疫情蔓延看人类命运共同体的构建

当下，疫情在我国境内已经很大程度上得到控制。然而，当境内的疫情逐渐平息的时候，世界范围内的疫情，正大规模地蔓延。相比世界其他地区，中国人民展现出了强大的集体意识，因此能够有效地控制住疫情。下一阶段，我们的任务，就是严格防控境外输入，守护好我们所取得的抗疫成果。

在疫情影响下，“人类命运共同体”这一概念，值得我们深思琢磨。虽然我国大多数人民对未来抱有乐观的心态，但放眼世界范围并非如此。“负”利率、经济与人口“负”增长、“负”作用、“负”能量，都反映了目前全世界范围内所存在的问题。本应朝气蓬勃的年轻人，却被抱怨的情绪充斥着。作为中国人，我们应该维持住我们所持有的强大的“正”能量，继续我们大国崛起的这场“耐力跑”。年轻人的正能量决定着大国崛起的未来。麦哲伦勇敢地完成环球航行，扩大了人类的地理知识视野。库克船长也凭借其乐观

勇敢，为英国带来了“日不落帝国”的称号。年轻人是时代的力量，国家的力量。我们应意识到自己的使命，敢于开拓与拼搏，放眼世界，开拓新的事业，为中国开辟更为广阔的发展空间。

疫情，体现出了我国显著的体制优势。我们需要抓住危机中的“机”，展现我们作为负责任的大国的新形象，引领疫情防控为主题的全球治理新进程，塑造捍卫民众利益的舆论新方向，重启中国经济发展的新引擎。在人类命运共同体的理念下，创造新的成功与辉煌。

弘扬伟大精神　增强必胜信心

习近平总书记在统筹推进新冠肺炎疫情防控经济发展部署工作会议上说:“中华民族历史上经历过很多磨难。但从来没有被压垮过，而是愈挫愈勇，不断在磨难中成长、从磨难中奋起。”其中一个最关键的原因，是我国伟大民族精神的支撑。以爱国主义为核心的民族精神主要有四个内涵：伟大的创造精神、奋斗精神、团结精神、梦想精神。

在新中国不断发展的过程中，我们依旧凭借着各类伟大精神的支撑与指导，创造了一个又一个伟大的辉煌成就，比如航天工程，又比如穿梭于山河大地上的高铁列车。

面对新冠疫情，我们要坚守历史过程中的这些伟大精神，同时创造新的精神，使得党、政府、医护工作者，以及普通人民群众，都能在这些精神的支撑引导下，奋勇抗击疫情。

事事关心　人人尽力

东林书院有对联一副:“风声雨声读书声声声入耳，家事国事天下事事事关心。”我们大学生作为读书人，心里应该有家国天下，应有家国情怀。习近平总书记强调了此次疫情的重大，它与我们每个人都息息相关。我们应从“忧国”开始，考虑此次疫情所体现出来的问题。正如习近平总书记所说，“我们要总结经验、吸取教训，深入研究如何强化公共卫生法治保障、改革完善疾病预防控制体系、改革完善疾病防控救治体系、健全重大疾病医疗保险和救治制度、健全统一的应急物资保障体系等重大问题，抓紧补短板、堵漏洞、强弱项，提高应对突发重大公共卫生事件的能力和水平。”作为大学生的我们，则应遵守党的要求，积极为社会服务，为抗疫贡献出我们微薄的力量。

担当使命，绽放青春

李云巍

庚子初春，新冠肆行，疫情牵动着全国14亿人民的心，2020年春节注定非同寻常。寒假加长，但学习不止步、成长不延期。如果说，正经历的这场疫情防控阻击战是我们最生动的教科书，那么，“在经历中学习——疫情防控公开课”则以全新的打开方式，为我们送上如何认识疫情防控的真知灼见，受益、感触至深，更觉责任和使命在肩。

“中华民族历史上经历过很多磨难，但从来没有被压垮过，而是愈挫愈勇，不断在磨难中成长、从磨难中奋起。”通过学习，我深刻领悟到习近平总书记此番话语的深意。中华民族历经灾难无数，但“灾难是社会进步的推进器”，每次灾难都会带来提升和进步。全国上下能够同风雨共抗疫，夺取疫情防控最终胜利，正是源于社会主义集中力量办大事的巨大优势，源于以人民为中心的价值追求，源于“仁爱之心”的传承。

中华人民共和国成立以来，我国面对多种困境与困难，却依然能够蓬勃发展，当归功于社会主义制度与独特治理体系。1953年，毛主席号召“一定要消灭血吸虫病”，各地立即建立防控卫生组织，党政干部一把手主抓，在那么困难的情况下，最终驱走了“千村薜荔人遗矢，万户萧疏鬼唱歌”的瘟神。今天也是如此，疫情从爆发到放缓，再到多地清零，我国国家制度和治理体系在其中发挥了重要作用。社会主义制度优势最重要的一点，就是在党中央的统一领导指挥下，各地各部门各司其职，协调联动，共克时艰！全国各地大批医务人员迅速集结，驰援武汉；建设火神山、雷神山医院从方案设计到建成交付仅仅用了十多天时间，从“人等床”到“床等人”，应收尽收；人民军队高效投送防疫物资，企业加班加点生产，国家统一调配防疫物资……这种统一部署带来的“机动性”，给了我们与时间赛跑的能力，中国奇迹、中国力量、中国速度再次让世界瞩目。

社会主义制度以人民为中心的价值追求，为这次疫情防控阻击战保障人民的生命健康奠定了价值观根基。党中央精准施策，多种途径保障患者的生命得到及时救治，4 万多医护人员支援防控工作，制定联防联控机制使人民与病毒实现有效隔离，确保人民生活物资充足供应，动员人民投身、配合疫情防控；全国人民理解并遵从杜绝流动聚会、居家隔离的规定，隔离人员积极配合检查，在听到博人眼球的谣言时做到不信谣不传谣，纷纷为抗疫奉献一份力量，这便是我国集中力量办大事的体现。我国的经济、文化制度也在疫情中证明了自己的优越性，全国上下声援抗疫的歌曲、文化作品数不胜数。

一方有难，八方支援！疫情发生后，医务人员舍小家为大家，义无反顾奔赴一线，成为最美逆行者；企业放弃休息，全力保障物资供给；社会各界爱心人士、普通老百姓纷纷捐资捐物，志愿者们无私奉献……这些温暖的举动，可谓疫情无情人有情，是责任担当，更是仁者爱心！蒙曼老师在公开课中多次提到“事事关心，人人尽力”，就是对中华优秀传统文化“仁爱之心”最形象和生动的总结。频频出现在朋友圈中的“逆行者”一词，与古时候的“杏林春暖”“橘井泉香”“不为良相，即为良医”等佳话相连，成为全民团结抗疫的精神支柱，就是对“仁爱之心”的最好诠释。特别是那些负重前行的医护人员、警察、志愿者们，再次印证了“越是艰难的时刻，精神的力量就越可贵”！在他们身上淋漓尽致地显示了团结一致、战胜困难的伟大力量和中华民族自强不息、守望相助的民族精神，是我们不断奋斗的力量源泉，更值得我们去学习和弘扬。

作为一名大学生，我以为，此次疫情不仅是外部世界的一场战斗，更是我们内心世界的一次博弈。纵使疫情对我们的生活产生了影响，但我们如何面对，却是掌握在自己手中的。毋庸置疑，我们选择所做的应该是对自己、对家人、对国家负责，对我们的青春负责。尤其在中国积极倡导构建全球人类命运共同体、贡献中国方案、彰显大国担当的今天，某些别有用心之国却恶意制造负面舆论，处处打压中国，更激励我们自觉把学习作为一种责任、追求、境界，强健体魄，立志高远，坚定信仰，勇挑重担，全力达到蒙曼老师所说的“专业报国、健康报国和尽忠报国”。让我们一起用行动担当使命、绽放青春！

艰难困苦，玉汝于成

黄竞辰

回望过去，我们不难发现：中华民族实现伟大复兴的历史，也是和各类灾难做斗争的历史。2003 年的非典疫情、2008 年的汶川大地震，2010 年甘肃舟曲特大泥石流、2020 年的新型冠状病毒疫情以及南方的洪涝灾害……正如习近平总书记所说，中华民族在灾难中“愈挫愈勇，不断在磨难中成长、从磨难中奋起”。

2020 年，在人类的历史长河中注定将是不平凡的一年。年初，新冠疫情爆发并快速席卷全球。面对严峻的疫情形势，中国共产党团结全国各族人民，科学防治、精准施策。从中央成立应对疫情工作领导小组，加强统筹调度，到最广泛发动群众，构筑群防群治的严密防线，再到组织各级党组织和广大党员干部统筹做好疫情防控各项工作，在中国共产党的领导下，我们在人员排查、市场监管、疫情防治、宣传引导、后勤保障、督导问责等方面，形成了分工合作、高效运转、快速反应的工作机制，尽一切可能把损失降到最低。面对灾难，全国人民同舟共济，社会各界同心协力，纷纷自愿支援灾区，仅仅用了十几天就在武汉建成了雷神山和火神山两所医院，缓解了疫区医疗资源紧张的局面。多地医护人员和志愿者也纷纷响应，充分发挥“苟利国家生死以，岂因祸福避趋之”的精神，自愿请战，深入战“疫”一线。其中既有依旧不辞辛劳的钟南山、李兰娟院士，也有不少初出茅庐、果敢勇毅的“00 后”们。在当前新冠肺炎疫情肆虐全球的同时，我们取得了抗“疫”工作决定性的胜利。

疫情还未完全结束，2020 年 8 月，我国南方地区发生洪涝灾害，仅安徽一个省受灾人口就高达 399.2 万人，直接经济损失达 152.7 亿元。然而灾难无情，人间有爱，“舍小家为大家”的王家坝精神再一次让无数国人热泪盈眶。王家坝地处淮河、洪河、白露河交界处，河南的下游、江苏的上游。2020 年，淮河连续多日降水量超过最高水平，河南和江苏都面临着被洪水吞没的险境。此时王家坝主动提出开闸泄洪，通过将洪水引入王家坝地区，保护整个华东地区的百姓平安。面对着老宅被洪水摧毁，大半生积蓄化为乌有，王家坝的百姓不禁落泪。但他们除了有难以割舍的家园情愫，更有大局为重的家国情怀。一位被采访的王家坝居民眼含泪水，却无比自豪：“国家给王家坝的使命，义不容辞！”面对王家坝地区的牺牲，河南、浙江等地先后派遣 1 500 名消防指战员连夜驰援安徽，参与抗洪抢险工作。在党中央的领导下，无数人民子弟兵赶赴灾区，帮助当地百姓抢收中药材，运送防汛物资，全国各地携手共渡洪灾。

面对一次次灾难，全国人民总是心往一处想、劲往一处使。一次次灾难的发生，既是对中国共产党领导能力和执政能力、风险应对及治理能力的考核，也是对一代代中国人的考核。习近平总书记说：“世上没有从天而降的英雄，只有挺身而出的凡人。”正是一代代热爱祖国、无私奉献的青年人挑起了时代的重任，才换来了这七十一载华夏大地的海晏河清。2003 年时，无数“70 后”“80 后”青年从“非典”手中保护了我们，如今，我们“90 后”“00 后”更应不惧艰难，用生命扛起新时代赋予青年的责任，保护祖国万里锦绣河山。

国之所需即为青春所在

陈诚

青春若是花，该生长在何处?

青春若是火，该燃烧在哪里?

青春，是人的一生中最宝贵的财富之一，它是活力与奋斗的象征。一直以来，我都在追寻着青春之所在，青春的意义。在认真学习《习主席勉励我们“立志扎根西藏”》之后，我感受颇深，我也明白了——国之所需即为青春所在。

于是，我沿着时间的脉络，追寻历史的长河，我发现古代许多文人士大夫们都在追求着“修身、齐家、治国、平天下”，他们以青春之才报效国家，有的居庙堂之上忧虑天下事，有的出使塞外换来和平，有的驰骋沙场燕然勒石……其实从古至今，只要国家有需要的地方，就会有青春的身影。

李大钊在《青春》中曾泼墨写道:“吾辈青年所当信誓旦旦，以昭示于世者，不在龈龈辩证白首中国之不死，乃在汲汲孕育青春中国之再生。”“国须柱石扶丕构，人待楼航济巨川”，青春之意义，即在为国家富强而奋斗。周恩来 12 岁便立志“为中华之崛起而读书”，之后面壁十年图破壁，将青春奉献给祖国解放事业;毛泽东 27 岁加入中国共产党，在青春中最美好的年华指点江山，激扬文字，中流击水，浪遏飞舟……如今先辈们将接力棒传到我们的手中，作为新时代新青年，更应继承先辈遗志，将青春绽放在祖国最需要的地方。

2011 年，习近平总书记到西藏大学看望各民族师生员工时曾指出：“要立志扎根西藏，踊跃到农牧区去，到祖国和西藏最需要的地方，磨炼意志、增长才干，建功立业、报效祖国。”在 2020 全面建成小康决胜之年，我们应积极承担这份责任，深入基层去，到祖国需要的地方焕发青春色彩。无数杰出青年也早已为我们率先垂范，耶鲁大学毕业的高才生秦玥飞主动请缨，守在悉心耕耘的土地上，在荆棘和贫穷中拓荒。还有马立、张雅琼夫妇，作为山西高校第一批西部计划援藏志愿者，在 4 445 米海拔的高度上将青春播撒在雪域高原。尽管西藏等基层环境艰苦，但他们却从不畏惧，正所谓“青年之字典，无困难之字；青年之口头，无障碍之语”。心有明珠，山河明媚。

但国之所需并不单单指的是西藏等基层地区，只要能为国家做贡献的地方都可以称为国之所需之处。青春是用来奋斗的，只有奋斗的青春才是幸福的，作为新时代新青年的我们，应积极承担新时代使命，尽新时代责任，将个人命运与民族未来、国家命运紧密联系在一起，为新时代的繁荣昌盛略尽绵薄之力。

虽千万人，吾往矣；虽千万人，吾赴矣。若每一个中国青年都为天地立心，为生民立命，投身于祖国需要的地方，中华民族的伟大复兴将不在遥远的未来，而在很近的明天。

青春若是花，就应绽放在祖国需要的土地上；

青春若是火，就应燃烧在祖国需要的夜空中；

国之所需即为青春所在，即为青春之意义。

海纳百川　有容乃大

——新时代下的全球治理与国际合作

杨芃芊

“起初，没有人在意这一场灾难，这不过是一场山火、一次旱灾、一个物种的灭绝、一座城市的消失，直到这场灾难与每个人息息相关。”

这是电影《流浪地球》中的一句台词。在2019年这部电影刚上映的时候，大家可能对这句话并没有什么感觉，但是，经历了2020年的我们，可能就会对此感同身受了。

无论是澳大利亚肆虐的山火、非洲的蝗灾，还是全球肆虐的新冠疫情、我国部分地区的洪水，无一不反映着人类发展与大自然环境的矛盾，而各种天灾也让我们认识到在自然面前人类的渺小。而全人类在面对物种生存问题时的解决办法，电影中也演绎得很明了了——全世界人民联合起来，共同应对单一国家与组织难以解决的问题，才是唯一有可能帮助人类走出困境的解决方案。

同样，在现实生活中，经历了新冠疫情的我们也有更加深刻的感受。事实已经证明，在这样的传染病面前，如果不是所有国家都能积极地抗击疫情，采取负责任的管控措施，那么疫情将会在地球上永远存在，即使像我国这样抗疫成果显著的国家也一直在面临境外输入病例的压力，只有所有国家都能够负起责任来落实防疫政策，才能真正从根源上解决防疫问题。这也可以看出全球合作的必要性，各个国家、各个组织必须要有必要的合作与共同理想，才能充分捍卫人类共同的利益。

中国一直秉持着开放包容的心态面对全球治理与国际合作，积极承担起一个大国应有的国际责任，并且充分尊重各国国情。1955年，周恩来总理在万隆会议上提出“求同存异”的外交方针。“求同”就是寻找共同思想、共同要求、共同利益，是构建和谐的基础;“存异”就是保留不同观点、不同主张、不同利益，是构建和谐的条件。自中华人民共和国成立以来，我们就一直致力于推动本国与他国的合作与互助。例如我们一直坚持的中非合作，就是在相互尊重、平等相待、相互支持、互利共赢的基础上进行的。当年非洲兄弟把我们“抬进”联合国，而中国又在致力于自身发展的同时积极帮助非洲国家，为非洲的和平与发展提供力所能及的帮助。几十年来，中国援非项目达千余个，坦赞铁路、麦洛维大坝、莫桑比克国家体育场等都是中非友谊的最好见证。事实已经证明，中国的发展不但惠及本国国民，也会惠及世界人民。

当今世界面临着百年未有之大变局，政治多极化、经济全球化、文化多元化和社会信息化潮流不可逆转，全球产业链联系愈加紧密，各国间的依存日益加深，但也面临诸多共同挑战。粮食安全、资源短缺、气候变化、人口爆炸、环境污染、疾病流行、跨国犯罪等全球非传统安全问题层出不穷，对国际秩序和人类生存都构成了严峻挑战。不管人们身属哪个国家，信仰如何，理念如何，实际上已经处在一个命运共同体中。与此同时，一种共同应对人类挑战的全球价值观已开始形成，并逐步获得国际共识。

习近平同志在就任总书记后首次会见外国人士时就表示，国际社会日益成为一个你中有我、我中有你的“命运共同体”，面对世界经济的复杂形势和全球性问题，任何国家都不可能独善其身。所以在新的时代背景下，“人类命运共同体”是中国政府反复强调的关于人类社会的新理念。

一般的国际合作都依托于一些组织或者共同计划，比如联合国、国际红十字会、世卫组织等国际性组织，他们的存在为各国搭建起一个沟通交流的平台，以便于参与国共同解决世界性问题。在此次新冠疫情中，世卫组织就起到了一定的互通、信息经验以及人道主义援助的作用，为世界各国解决本国的疫情提供了一定的帮助。中国也在积极为世界搭建合作的平台，例如上海经合组织、博鳌亚洲论坛、一带一路倡议等。中国通过这些平台与他国建立起广泛的沟通与合作，承担属于自己的大国责任，为世界发展做出自己的贡献。历史已经证明，勤劳的中国人民依靠自己的奋斗改善生活，而不是依靠剥削和掠夺。和西方一些资本主义国家相比，中国的发展方式无疑更加文明，我们也希望通过自己的努力让世界看到我们的发展方案，借鉴我们的发展经验，为世界各国发展提供新的思路，让全世界更多的人民过上更好的生活。

作为新时代下的中国青年，我们是未来全球治理与合作的主力军。在任何一个时代，青年人都是社会上最富有朝气、最具有创造性的群体，正如 20 世纪 50 年代毛主席接见青年知识分子所说的，“世界是你们的，也是我们的，但归根结底还是你们的”。但同时，我们也要清醒地认识到，当今世界面临的逆全球化风潮愈演愈烈，为全球治理与国际合作带来新的挑战与不确定性。我们应当清醒地认识到，在实现“人类命运共同体”美好理念的路上一定充满荆棘。因此，当代年轻人若想为全球治理和国际合作做出自己的贡献，不仅要有远大的理想，更要有“海纳百川，有容乃大”的胸怀，在奋斗中不断磨砺自己，让自己变得更加坚强，更加开放，实现人生价值，创造出无愧于时代的业绩，造福于本国和世界各国，为人类文明的发展做出自己的贡献。

抗击疫情，大国担当

张庭瑞

居家学习期间，我国的新冠肺炎疫情一直牵动我的心弦。我们清楚地知晓这是一场全国人民共同参与的“战争”。老老少少们热切地讨论、谨慎地分析，为灾难中陨落的生命而痛惜，为逆行者的大无畏精神所感动，为我们能为之所做的点滴小事而不懈努力。在我为全国人民齐心抗击疫情的团结精神、中国建造震惊世界的“火雷速度”、政府部门高效有序的统筹安排惊叹时，我也试图设想或估计这次疫情给我国在经济、国际关系、“十三五”收官等带来的影响有多大，能不能量化。所幸在“在经历中学习——疫情防控公开课”中，我能够跟随九位教授从经济、法制、国际关系、群众角度、中国制度优势等方面看待此次疫情。

新冠肺炎疫情对我国的影响冲击是多面的，就经济来说，刘伟教授的一句话让我印象深刻：这次新冠肺炎疫情的突发，给我们今年的经济增长和经济发展目标带来了严重的挑战，但在天时、地利、人和这几个条件的共同作用下，我们有信心战胜这些困难，实现经济社会发展的目标。历史已经证明，我们的基本经济增长是十分健康的，特别是我们经历改革开放 40 多年，中国特色社会主义市场经济体制在解放和发展生产力方面取得了巨大的成就。尽管疫情给我们的经济带来了明显的冲击，但是我相信，正如刘教授所言，我们凭借天时——中国现在仍然是一个发展中国家，但是一个仍处于工业化最后冲刺阶段、有着强劲增长势头的发展中国家，我们国家经济长期向好的基本态势没有变；地利——我国区域性差别大，区域差异既是我们发展不平衡的特点，同时也是大国比小国可持续发展时间更长的一个优势，也就是说梯度效应；还有人和——中国的稳中求进，所谓的“进”的制度创新就是全面贯彻“四个全面”战略布局，我们一定会冲破眼前的黑暗，保证我国的经济平稳发展，使之为中国特色社会主义道路的稳步建设提供强大的支持力。

毋庸置疑的是，通过这次人民的战役，我们向世界展示了中国制度的强大与优越性。特别是课程中金灿荣教授表示，在当下的国际环境、国际舆论氛围中，虽然我们不免遭到有些西方人士恶意的诟病与污蔑，但我们应该欣慰，正是通过我国透明、负责的一系列举措，使得我们得到的国际肯定远胜往昔，使得刻意的抹黑言论也掩盖不了众多国际人士特别是世界卫生组织对我国防疫工作的肯定。对比国际形势，我更加深深感到我国制度的优越性。

我们建火神山、雷神山、方舱医院、封城、封小区、响应国家号召居家隔离，对于阻击疫情传播是颇有成效的，其他国家的人很羡慕，但是这些国家很清楚哪些是他们能做到的，哪些是他们做不到的，抹黑中国的声音也变得有气无力。

对比之下，我对自己身为中国人而倍加自豪。没有其他任何一个国家能够果断地敢于以牺牲经济为代价快速做出正确的封城决定以阻止疫情蔓延；没有其他任何一个民族有这么多能够前赴后继奋不顾身的英雄去投入这场人民的战役；没有其他任何的人民能够万众一心齐心协力力挽狂澜。就像在公开课中秦宣教授所说：我们可以利用疫情的时机学习基础知识和了解国情。中华民族是充满灾难的民族，但新中国仍然创造了经济快速发展、社会稳定的局面。也正是在这次疫情当中，我能够沉下心来，仔仔细细地体会祖国母亲带给我们的一切，能够体察国人同胞的凝聚力，能够清晰地感受到党的号召力与我国体制的优越性。世界范围内灾情频发，澳洲大火、非洲埃博拉病毒、美国甲型流感病毒肆虐、加拿大雪灾、北非蝗灾……还有现在的新冠肺炎疫情。2020 年注定是不平凡的一年，危难之时方显民族英雄本色。毋庸置疑，相比一些对疫情采取自暴自弃、附带种族歧视色彩、抱有幸灾乐祸态度的国家而言，我们以堪称奇迹的中国速度遏制住了国内的疫情蔓延趋势并向全世界提供抗疫帮助。疫情的防控工作成为对我国国家治理体系和治理能力的一次集中考验，从中我们成功地证明了制度优势能够转化为治理效能。正是党中央统一部署、协调各方，各级党委和政府积极行动，基层党组织雷厉风行，普通党员、群众积极投身疫情防控，我们才能有这样的“火雷”速度。也正是我国政府把人民群众生命安全和身体健康放在第一位，以人民为中心的价值追求，才让我国数万感染者不论家境都能够得到良好的医治，而这是在其他国家难以想象的。我们全民动员、齐心协力，彰显了紧紧依靠人民抗击疫情的显著优势。疫情防控需要自我隔离，全国人民响应党的号召，这就是中国的凝聚力。有这样上下一心的执行力，还有什么苦难能够压垮中国人？还有什么诽谤、污化能够让我们的光辉被掩盖？

九节课后的感触是无法简简单单用语言描述的，但是我希望，疫情过后，这次沉重的经历能够时时刻刻提醒我们，中国人是怎样的，谁给了我们庇护，作为个体，如何用绵薄之力建设维护我们的祖国、增加人民的福祉。

青山一道同云雨，千灯共燃耀九州

贺一鸣

“病毒肆虐，疫情汹涌，安心于室，共克时艰！不能做驰援武汉的逆行者，就做努力学习的奋斗者！”值此特殊时期，各方联合推出的“在经历中学习——疫情防控公开课”正式上线，帮助作为大学生的我们树牢“四个意识”，进一步坚定“四个自信”。经过九天的学习，受益匪浅，在此我浅谈自己的一得之见。

在疫情的冲击下，我国各方面难免受到波及，偏离正常轨道：经济层面上，暴露出新常态下三期叠加的复杂矛盾以及市场经济运行三方面的结构性失衡；法治层面上，个别无良商家哄抬物价、囤积居奇。但是，没有一个冬天不会逾越，没有一个春天不会来临，中国经济兼具天时、地利、人和三方面的优势，经济长期向好发展是大势所趋，历史必然。此外，在疫情的影响下中国经济新业态、新市场、新的消费领域进一步开拓并发展，更加坚定了我们2020全面建成小康社会、全面脱贫必胜的信心；而从法治轨道上统筹推进各项防控工作，为疫情防控提供有力的法治保障，就必然能实现中央提出的“坚定信心、同舟共济、科学防治、精准施策”的要求。

站在国际视角，2020年的开局注定是不寻常的：各种天灾人祸竞相出现，美国流感、澳洲火灾、非洲蝗灾、火山爆发、飓风突袭……展望未来，这一年，大到世界、中到国家、小到个人，都在承受巨大的考验，仿佛无所逃于天地之间，而由疫情引发的各种乱象也纷纷出现。“在抗击各类疫情的前线，中国一直与世界患难与共。”防疫抗疫，并不是中国的独唱，而是世界的大合唱。不谋万世者，不足谋一时；不谋全局者，不足谋一域！相信在全球同舟共济的努力下，以构建人类命运共同体为指引方向，我们定有能力有信心打赢这场疫情防控阻击战。

岁月其徂，我国的抗疫之路其来有自：从中华人民共和国成立之前的“东亚病夫”到如今的健康中华，从人均寿命不足 35 岁到如今的 77 岁，我们取得的健康发展可谓奇迹。自第一届卫生行政会议上确定了全国的卫生工作方针以来，我国不断与时俱进，中西结合，以人为本，采用预防为主、卫生工作和群众运动相结合的中国特色卫生制度，历经天花、非典、鼠疫等疾病的磨炼而日益成熟。因此，我们始终坚信这次的新冠肺炎疫情依旧不会阻挡中华民族前进的步伐。历此战役，我们必将更加坚定中国特色社会主义道路自信、制度自信。

观澜而索源，中国特色卫生制度所取得的一系列成就作为中国制度优势的缩影，不断坚定着我们对革命精神必胜的信心。辛丑鼠年，改革开放已走过千山万水，但仍需跋山涉水。这是一个船到中流浪更急、人到半山路更陡的时候，是一个愈进愈难、愈进愈险而又不进则退、非进不可的时候。以古方今，千载一揆，党在领导人民进行革命建设的伟大实践中，历经种种磨难，但从未被压垮，而是一次次在磨难中成长，从磨难中奋起，形成了一系列时代特征鲜明的民族精神。沿着历史长河溯流而上，听到的是红军两万五千里长征“不怕远征难”的郑重发声，看到的是焦裕禄亲民爱民、艰苦奋斗的躬亲背影，感受到的是“一星遨苍宇，两弹耀神州”的举国欢庆。他们的精神凛凛千古，恒久不灭。望着窗外的寒风，我想，每一粒熬过冬天的种子，都会有一个关于春天的梦想。我们扎根于这个伟大的国度，便无畏一切考验的淬炼。

还看今朝，恒河沙数的人冲在一线，每一分钟都在以自己和疫情进行着殊死的抗争。念及的是一位位身着白衣奋战病区的逆行者，想见的是一位位与死神赛跑的火神山、雷神山的建设者，是务实求真、眼神坚定的钟南山，是一丝不苟、潜心研究的李兰娟，是倒在防控一线的村支书黄汉明，舍小家为大家的人民警察陈俊帆……“侠之大者，为国为民。”他们用生命能量暖化冰冷者，活化死寂者，热化悲观者，激化漠视者，他们用简单却又坚实的生命轨迹，一次次证解着我炎黄子孙的人生方程式！正是这每一个平凡而忙碌的身影，用爱心与奉献书写着抗疫传奇，将民族脊梁高高挺起。

指前路之迢遥兮，再鼓罡风之势，望远途之灿烂兮，更举破浪之帆！行文至此，思绪万千：我从不曾像今天这般怀念熙熙攘攘的堵车，因为那才叫盛世繁华；从不曾像今天这般怀念熙熙攘攘的菜市场，因为那才叫人间烟火；从不曾像今天这般怀念人山人海的景区，因为那才叫国泰民安……但是，我也始终坚信，漆黑的隧道终被穿越，千仞的高岗终被爬上，待到春回大地、山花烂漫之时，让我们相约武大樱花树旁，笑看大风起兮归云万里，九州峥嵘步步为迹！

事事关心

宋星洲

“风声雨声读书声声声入耳，家事国事天下事事事关心。”

——顾宪成

——题记

习近平总书记面对新冠肺炎疫情这样说道：“这次新冠肺炎疫情，是新中国成立以来在我国发生的传播速度最快，感染范围最广，防控难度最大的一次重大突发公共卫生事件。”本次疫情的严重性可见一斑。

忧国，知国，报国，这是当代大学生应该在疫情中学到并长久拥有的情怀。

从本次疫情来讲：“忧国”即是对于人们生活方式和应对方式的思考。本次疫情初期，由于缺乏必要的警惕，曼延较快，造成了较为严重的公共卫生事件，这提醒我们要进一步提升政府的公共卫生和应急管理能力和重大疫情防控能力。“知国”指的是我们应该了解国家现状：虽然疫情造成了冲击，但是我国经济发展，社会安定依然是长期向好的局面。中国智慧、中国速度在世界范围内发挥了作用，我们有信心、有能力打赢这场防疫战。

如果说“忧国”让我们了解的是目的，“知国”让我们获得的是结论，那么“报国”就是最终我们所要达到的目标。本次疫情中，我们看到了钟南山院士奔赴武汉，李文亮医生肩负压力吹响哨子，无数医务人员、解放军战士的最美逆行，这些都是国家最需要的，也是我们未来应该学习并做到的。

回到题记，这是顾宪成先生因官府政治腐败黑暗辞官回乡后为开办的学堂题的一副对联。正如其所言，读书之士不能把自己封闭在象牙之塔里，说到底，读书的目的是为了提升自己，从而实现自我价值，而实现自我价值，关键的一点又是要发挥自己的社会价值。这也是自古以来我国读书之士的理想：修身、齐家、治国、平天下。《孟子》有云："穷则独善其身，达则兼善天下。"《横渠语录》也有曰："为天地立心，为生民立命，为往圣继绝学，为万世开太平。"

"天下兴亡，匹夫有责"，我们也要勇敢地投入时代的洪流之中，成为时代复兴的推动者、担当者！

谈对中国新冠肺炎疫情防控的几点体会

李奕贤

2020 年以来，新型冠状病毒感染引发的肺炎疫情先是在中国爆发，随后蔓延至全世界。总的来看，中国在疫情防控上取得了巨大成果，对新冠疫情的全球防控做出了巨大贡献。随着对疫情防控的了解不断深入，结合“在经历中学习——疫情防控公开课”的学习，我对中国防控新冠肺炎疫情的意义和内涵有了全新的认识。下面，我想从“经济”和“核心竞争力”两个角度出发分别谈一谈我的体会。

“中国经济长期向好的趋势不会变”

总的来看，中国经济体量巨大，总体消费能力很强而且在不断增长，所以总体上中国经济韧劲足，抗打击能力强；而且由于此次疫情爆发之后中国及时、有力、迅速地控制了疫情发展，客观上有效削弱了疫情的负面影响。因此疫情对中国经济的长远影响是有限的。

从时间上看，新冠肺炎疫情对中国经济最大的冲击其实就在第一季度。

照目前的情况看，疫情在第二季度就基本得到控制，所以中国经济在第二季度其实就进入了过渡期。然后第三季度为恢复期，至第四季度中国经济基本恢复正常运行。

从结构上看，新冠肺炎疫情对中国经济主要的冲击在第二、第三产业，其中第三产业更甚。但中国的第一产业——种植业、林业、畜牧业、水产养殖业等受到的冲击并不大；且由于疫情期间几乎所有居民都居家生活，对于农产品的需求上涨，反而会促进第一产业的利润增长和发展。对于第二产业，由于疫情很快得到控制，复工复产已经大面积推行，而且疫情期间医疗相关用品的需求发生了巨量增加，因此以加工制造产业为主的第二产业有能力迅速从疫情的冲击中恢复。第三产业确实很难在短时间内恢复，但同2003年相比，中国的电商和通信业发达了很多，加之疫情带来的“代偿效应”：长期居家生活导致民众对网络消费的需求普遍增加，第三产业的发展总体保持向好态势是完全可能的，而且疫情很可能会加速5G的发展。

从政策上看，在“六稳”政策以及“2020年中国经济发展的新要求”的引导下，中国经济在2020年必然会朝着向好的方向继续发展，从而确保全面建成小康社会以及“十三五”规划和“三大攻坚战”的圆满收官。

中国的核心竞争力

从世界范围内看，中国对于此次新冠肺炎疫情的应对总的来讲可以说是最及时、最有力、最迅速、最高效的。通过这次肺炎疫情的防控阻击战，中国向世界展示了无与伦比的动员力、工业能力、运输能力和社会治理能力。不少人都提出了这样一个疑问：从这次新冠肺炎疫情的防控看，中国的核心竞争力在哪儿？

我认为，答案只有一个——中国共产党。

在中国共产党的领导下，中国坚定不移走社会主义道路，正因如此，在疫情爆发的危险时期，中国才能发挥“集中力量办大事”的社会主义制度优势，及时布防布控，迅速、有力地控制住了疫情。

在中国共产党的部署和号召下，大批医护人员无私奉献，舍小家为大家，奋不顾身冲在防疫第一线，迅速形成了疫情防控的强大力量，为全国人民甚至全世界争取了时间。

在中国共产党的领导下，解放军部队及时调动军医、防疫及生活物资运往防疫一线，使疫情防控力量得到了及时且强有力的补充，大大提高了一线的疫情防控能力。

在中国共产党的感召下，全国人民总体上团结一心，积极配合国家的疫情防控工作，基本自觉做到了减少外出、不聚集、有接触史或发病迹象则进行隔离、勤洗手、勤消毒、出门戴口罩，大大助力疫情防控。

在中国共产党的指示下，全国的工业产能、医疗资源和基层组织被充分调动起来投入疫情防控。这不仅保证了一线的疫情防控能够持续高效地进行，更是为在全国布防布控提供了坚挺的支持力量。

如果没有中国共产党统一部署、广泛动员，中国如此庞大的人口基数加上爆发初期武汉较大的人口密度，神州大地必将成为新冠病毒感染的温床；如果中华人民共和国成立初期没有中国共产党坚定不移地带领全国人民迅速在全国建立起工业体系，现在中国医疗用品的生产能力在全球防疫的巨大需求下成倍增长以填补巨大空缺根本就是无稽之谈；中国共产党强大的领导力、动员力、号召力，拯救了全国人民，甚至拯救了世界。世卫组织总干事谭德赛也曾表示，“我从未见过如此伟大的动员”。

携光而去，护春归来
——致敬最美逆行者

陈　诚

窗外的旧雪已经消融，树上的新枝早已焕发新貌，转眼间冬天已经过去，但是疫情这道难关却始终没有渡过。

依稀记得疫情大肆爆发的那几个月，街道上没有了往日热闹非凡的气氛，亦没有了熙攘不息的人群，昨日的繁华美梦一夜惊醒，转瞬间变成了今天的万城空巷。疫情的形势迫在眉睫，屏幕上每天都在增长的猩红数字更是牵动了无数中国人的心……

幸运的是，无数最美逆行者携光而去，护春归来。

“生命有限，健康无价，健康是条单行线，只能进不能退。”这是一位耄耋老人对自己许下的承诺，是责任驱使，也是心中善良。在呼吁全国人不要去武汉的同时，84岁的钟老却毅然决然踏上了这条逆行的路上，“我这一辈子为了什么，不就为了这几个病人吗。”没有慷慨的陈词与誓言，只有老人那颗朴素的心灵。而就是这样一位老人，却成为我们每一个中国人心中的一道光。从抗击非典到今天的新冠疫情，仿佛只要有钟老在，我们就永远不会乱。

“疫情还没有攻克，我怎能顾惜自己。”患有渐冻症的院长张定宇依然奋战在抗击疫情的第一线。即使疾病缠身，妻子感染，张定宇依旧披星戴月，用渐冻的生命托起信心和希望。在治疗室里，他迈着高低不平的步子与时间赛跑，和病魔竞速。面对生死，张定宇早已置之度外，他的眼中只有一个又一个被病毒折磨的病人。人们都称他为“张铁人”，但在坚硬的外表下却是无限的柔情，对于他来说“能够工作就是很幸福的，能够帮助到别人也是幸福的”。

“战疫不成功，我就不撤兵。”巾帼英雄李兰娟带兵驰援武汉后，用行动践行诺言。年过七旬，却主动请缨，岁至古稀，却坚守在最危险的地方。脸上的压痕是勋章，衣上的褶皱是荣耀，李兰娟用挺拔而又柔弱的身躯与死神对抗，抢回了一条又一条鲜活的生命，其心若兰，心济苍生！她顶着压力，发出灼见“封一座城，护一国安康。”无惧冷嘲与热讽，担起了一位院士的责任与重担，有效地抑制了新冠病毒的传播和扩散。

除此之外，更有无数为民请愿的白衣天使，运送物资的货车司机，不畏风雨的快递小哥，日夜赶工的建设工人，“若有战、战必胜”的人民解放军……在这寒冷死寂的冬日，他们构成了疫情中一道道最亮丽的风景线。

哪有什么岁月静好，只不过有人替你负重前行。他们不是不害怕死亡，他们不是没有妻子儿女，他们也不是想当英雄，他们不过遵循了内心，承担了别人无法承担的责任，在社会中荡开一股清流，掀起使命的巨浪。他们用胸膛抵挡住了病毒的疯狂，他们用脊梁撑起了无数家庭的希望，他们用温暖把我们的世界照亮，他们的善良让我们热泪盈眶！

没有一个冬天不可逾越，没有一个春天不会来临。如今春天已经过去，他们携光而去，护春归来。都说爱之花开放的地方生命便能欣欣向荣，就让我们携起手来，走在生命的两旁，随时播种，随时开花，将这一径长途点缀得香花弥漫，共同渡过疫情这道难关。

新冠疫情斗争彰显党的集中统一领导制度优势

——细读《党章》有感

唐 艺

学习之余放下笔，看着放在一旁的转正申请书和党章，款款思绪涌上心头。

2020年注定是不平凡的一年，也是考验党和人民的一年，新型冠状病毒肺炎疫情发生以来，以习近平同志为核心的党中央以极大的政治勇气和担当，打响了同新冠肺炎疫情做斗争的人民战争，各省、区、市迅速启动一级响应，广大的医护工作者、公安干警、社区工作者，基层干部投入抗疫第一线中。我也作为一名志愿者参与到疫情防控的战斗当中去。在这次疫情防控中，涌现出了一大批先进的个人事迹，可歌可泣，感人至深，书写了疫情防控英雄事迹新篇章。李文亮医生等抗疫烈士令无数人感动落泪，他们将作为人民英雄永载史册。在以习近平同志为核心的党中央坚强领导下，全国各族人民英勇抗击，疫情防控取得了决定性成果。反思这次抗疫之所以卓有成效的原因，想到如下几点：

一是牢牢依靠人民，动员人民。这是一场与病毒做斗争的战争，毛主席说过从群众中来，到群众中去，人民群众的利益高于天。在中国共产党的领导下，全国人民出门戴上了口罩并减少了不必要的外出，不聚集，勤洗手。这正是社会主义集中力量办大事的体现，所有人高度一致地遵守要求，万众一心，众志成城。一方有难，八方支援。世卫组织总干事谭德赛等夸赞中国抗击疫情的反应是迅速的，有效的，为世界抗击疫情争取了时间，极大遏制了病毒在中国的蔓延态势。中国共产党的宗旨就是为人民服务，把人民满不满意作为衡量工作好坏的标准。这次疫情，是对党执政能力的一次考验，是对社会主义制度的一次检验。结果表明，社会主义制度在中国焕发出巨大的力量，共产党领导人民取得了防控的全面胜利。

二是坚持公有制为主体。新时代中国特色社会主义制度坚持公有制为主体，多种所有制并存，我们的理想是实现共产主义，消灭私有制。在这次疫情中，公立医院起到了至关重要的作用，广大医护人员不辞辛苦，任劳任怨，广大的党员医护工作者更是冲锋在前，为拯救生命，抗击疫情，争取一分一秒的希望。在改革开放 40 多年后的今天，改革进入了深水区，经过了这次疫情，我们看到了社会主义制度的优越性，同时也要反思医疗体系、疾控上报体系中存在的漏洞和不足，积极改革，巩固社会主义制度。

三是坚持中国共产党的领导。不忘初心、牢记使命绝不是一句空话，可以说没有中国共产党的领导，就没有新时代中国特色社会主义制度，党是领导一切的。这次疫情中，获得胜利的关键原因正是坚持了党的集中统一领导，习近平总书记更是亲自指挥，亲自部署。各级党委和政府贯彻中央有关精神，切实把各项工作落到实处，党同人民群众之间血肉相连，生死与共。不论是革命时期，还是和平时期，党的三大法宝永不过时。在这次疫情中党发扬了批评与自我批评的优良作风，反腐败斗争一刻也没有松懈，一批在疫情面前推脱、拖延甚至瞒报谎报的干部被处理，极大地保障了抗击疫情队伍的先进性和纯洁性。

总的来说，这次疫情是一次危机，更是一次考验。事实证明，中国特色社会主义制度具有明显的优越性，我们应该感到骄傲，感到自豪，并且一以贯之，坚定不移地走下去。无论敌对势力如何诋毁污蔑，也改变不了真理和事实，敌人越反对的，我们越要拥护。

我们新时代的大学生们经过这次疫情更是要学会勇于担当，艰苦奋斗。

毛主席说过：“世界是你们的，也是我们的，但归根结底还是你们的。”习近平总书记也说过：“青年一代有理想，有担当，国家就有前途，民族就有希望。”通过学习党章，联系这次疫情防控，学到了很多。作为新时代的新青年，我们更应该把自己的青春理想与党和人民的事业联系到一起，把青春之我奉献到祖国伟大复兴的历史进程当中去。

这次新型冠状病毒肺炎疫情深刻影响着世界格局，更让我们坚定了高举新时代中国特色社会主义伟大旗帜的决心和信心。在党的领导下，我们必定能够化危为机，走出一片新天地，必将实现两个一百年奋斗目标，实现中华民族伟大复兴的中国梦。

咬得菜根，则百事可做

——读《菜根谭》有感

陈　诚

《菜根谭》是明代洪应明收集编纂的一部语录体小品文集，内容实际论述修养、人生、入世、出世诸方面，兼采并录了儒、释、道三教的精华，对人的养性育德有着潜移默化的作用，更是被后人誉为旷古稀世的奇珍宝训。

初读《菜根谭》这本书，便觉得全书文辞优美，简练隽永，对仗工整、含义深刻，读来朗朗上口，余音绕梁。书中没有严密的逻辑，都是由作者侃侃而谈，如叙家常。我也能领悟到隐藏在字里行间那为人处世、修身养性等方面的人生真谛。这是一套独特的为人处世方式，是对人生、人际、人性的见解。更难得可贵的是，《菜根谭》将、儒、释道三家熔为一炉，把入世与出世结合起来，充分反映了中国传统思想文化的最高境界。

宋代汪信民有言："人常咬得菜根，则百事可做。"这也是《菜根谭》这个名字的由来，也是我对这本书最大的人生感悟。或许正如洪应明的友人于孔谦在本书的题词中写的："谭以菜根名，固自清苦历练中来，亦自栽培灌溉里得，其颠顿风波，备尝险阻可想矣。"

何谓菜根？意谓人的才智和修养只有经过艰苦磨炼才能获得，"咬得菜根，则百事可做"。"谭"，从言从覃，本义为"深不可测"，转义为"深"；"言"

与“覃”组合表示“深入交谈”。“菜根谭”的意思就是对艰苦磨炼的深入讨论。作者洪氏也正是因为备尝人世艰辛，却又不失奋发进取之志，才写成了这部感悟人生、体验生命、劝勉世人的书。读《菜根谭》可体悟人生百态，就是要做到“风斜雨急处，立得脚定；花浓柳艳处，着得眼高；路危径险处，回得头早”。

《菜根谭》中也曾记载道：“欲做精金美玉的人品，定从烈火中锻来；思立掀天揭地的事功，须向薄冰上履过。”诚哉斯言，要想追求金玉般纯洁的品德，创立惊天动地的功绩，必须到轰轰烈烈的事业中去磨炼，到难关险隘中去拼搏。在新时代的今天，诸如此例更是不胜枚举。南仁东历经二十余年，将青丝熬成白发，将面容犁成沟壑，终换来中国天眼的落成；耶鲁学子秦玥飞拒绝美国优厚待遇，扎根祖国贫瘠的黑土地上，用辛勤与汗水换得农民脸上的笑容；钟南山在新冠病毒肆虐之时，不顾个人荣辱与安危，毅然决然前往抗疫第一线，成为人民生命的保护神……这些时代的楷模投身于国家需要之地，在烈火中锻炼，在薄冰上履过，皆受到我们的赞扬与敬仰。

伟人毛泽东也曾说过：“安贫者能事成，嚼得菜根百事可做。”这与中国革命所传承下来的艰苦奋斗精神不谋而合。作为新时代的大学生，我们要嚼得起菜根，脚踏实地，经得住困难的磨炼，才能见到雨过天晴后的彩虹；同时也要继承弘扬艰苦奋斗精神，接受时代的考验，为国家安康民族富强尽一份力量。

正所谓：咬得菜根，则百事可做。

一条大河波浪宽
——关于电影插曲《我的祖国》与交响诗《沃尔塔瓦河》

汪子超

2014 年 5 月 29 日，捷克指挥大师基里·贝洛拉维克首次亲率其执掌的捷克爱乐乐团登台上海东方艺术中心。返场时，乐团加演了中国名曲《我的祖国》和斯美塔那的《沃尔塔瓦河》。虽是不同国家的音乐，却抒发着同样的情怀——对祖国、对家乡的热爱。

抗美援朝已经过去 70 年了。这么漫长的时间过去，除了长津湖、上甘岭这些异国的地名，关于这场战争的最深刻的记忆，便是《我的祖国》。《我的祖国》是电影《上甘岭》的插曲，歌词只是描绘战士家乡的画面，对于中国人来说，却远比另一些战争电影中慷慨激昂的插曲更为震撼。

“一条大河波浪宽，风吹稻花香两岸。”也许每个人的记忆中的故乡，都会有这样一条河静静流淌。这条河对我们来说，是各不相同的，或急流险滩、乱石穿云，或风平浪静、波澜不惊，它留在每个人的记忆中。的确，自古以来，人们会在靠近河流的地方安居下来，最初只不过是逐水草而居；后来有了农业，河流又提供了灌溉的水源；工业革命之后，大量的工业用水也依赖着河流的供给。

我的家乡也不例外。我出生在秦岭南边的一座小山城里，记忆中，那条穿城而过的河流一直就在那里，即使是汛期，流量似乎也没多大，或许说不上“一条大河波浪宽”。河道是比路面要低的，很明显是经过了人工的改造。据说，以前这条河经常泛滥，中华人民共和国成立之后，才通过建设令河流改道，此后这条河就一直比路面低了，洪水再也没对县城有什么影响。而曾经的河道，如今已经是城中最繁忙的一段公路了。

曾经还在家乡时，有时等不及夏天，就想着去河边钓鱼。浅浅的河近乎溪流，水的流速挺快，经常一整天下来毫无收获，自己却被河边的蚊虫叮了不少包。最初也只是人云亦云，对自己的渔获也只能叫上个本地人口口相传的俗名，后来慢慢地了解了许多知识，终于给家乡的鱼儿都定了种，不知不觉，河里那些生命让我接触了基础的鱼类分类学。也从书中读到过，“北半球的河流因地转偏向力，右岸的冲刷会更严重”，在家乡的河边我却总找不出右岸冲刷严重的证据。后来才发现，这里只不过是长江的支流——汉江的支流，家乡这段本来就是上游，又在山区，地形造成的影响远比地转偏向力大，哪边冲刷严重已经不是地转偏向力能决定的了。

也许我算是在河边成长吧。上学时路过河边，风吹过，到处都是柳絮飞舞，却不像北京的杨絮那样无孔不入；柳树虽然落叶，却落得很晚，一直到深秋大概都是绿的，后来听到《成都》，便觉得“深秋嫩绿的垂柳”并不是纯粹的文学意象。如今那些柳树已经不见踪影，那时的情景却总让我难忘。

我短短的记忆之中，那条河流占着如此之重的分量，它如同家乡的象征一般。那么，在 70 年前，那些说不定只长我几岁，甚至与我同龄的志愿军战士们，他们心中也会有这样一条寄托着对家乡的热爱的河流吧。志愿军与他们对面的敌人最大的不同就是，他们并不是为了攫取利益进而贪得无厌地干涉别国内政，而是为了拒敌于国门之外、保卫心中河流流淌过的家乡、保卫刚刚成立的新中国。

说起河流，小学音乐课的交响乐鉴赏，会播放一首完整的捷克作曲家斯美塔那的不朽篇章。那是捷克最著名的交响诗，中文翻译也是《我的祖国》，而最著名的第二乐章《沃尔塔瓦河》，也被称为捷克的第二国歌。时间过去了这么久，也少有人会记得小学的音乐课上还听过这么一段音乐，我对它也只有一个隐约的印象。时隔多年，再听到它的旋律时，我终于理解了课本上的评价：“作品音乐流畅，色彩壮丽、清新，蕴含着无限的深情厚谊，是一首捷克人民爱国主义的壮丽赞歌。”

和那首著名的电影插曲《我的祖国》一样，《沃尔塔瓦河》也不过是描绘着河流两岸的山川景色与人民的平静生活。管乐代表着两条小溪，蜿蜒奔流，汇聚成壮丽的以大提琴表现的沃尔塔瓦河。河流穿过森林，林中狩猎的号角声此起彼伏；河流流经田野，乡间的婚礼传来波尔卡舞曲的愉快旋律。月光轻抚，水波荡漾，仙女翩翩起舞；突然惊涛拍岸，汹涌的河水冲过险峻的圣约翰峡谷。河水继续向前流入布拉格，流过维谢格拉德堡，最终消失在远方。

一方水土养一方人。和不同村镇的人们交谈，谈起家乡的河流，说的便是家门口那条小溪；出了陕西省，说起家乡的河流，说的是汉江、泾水、渭水、灞河；若是以后走出国门，再说起家乡的河流，估计就得是长江和黄河了。

世界上又有哪个地方的人不是如此呢？在奥地利，施特劳斯的作品《蓝色多瑙河》让这条流经十个国家的长河几乎变成了奥地利的“多瑙河”；如同我们将长江称为母亲河一样，俄罗斯人也将伏尔加河称作母亲河；意大利歌剧《纳布科》里，被巴比伦逐出家乡的希伯来奴隶，他们合唱的歌曲名叫《在幼发拉底河岸》；美国作家马克·吐温最成功的三部作品，被称为“密西西比河三部曲”，作品的来源正是他在密西西比河流域的生活经历；就连我们平时调侃印度，也总是会说起恒河水，说起那条印度教的神圣河流。

河流不只是流水，它不只是《流体力学》里那些或简单或艰涩的方程和公式所能囊括的，也不只是地图上的一条蓝色细线，不只是游戏中一道不能直接通过的障碍。有时，在我们的心中，它就代表着家乡，代表着祖国，代表着我们所热爱的、曾生活过的这片土地。

以青春之我成就青春之中国

曹俊维

党的十九大报告指出：到 2020 年全面建成小康社会，到 2035 年基本实现社会主义现代化，到本世纪中叶把我国建成富强民主文明和谐美丽的社会主义现代化强国。时代在召唤，我们这一代人生于世纪之交，长于盛世之下，如今正处在人生最美好的青春年华当中。我们的祖国在过去的 70 余年中经历了从站起来到富起来的伟大飞跃，如今正处在从富起来到强起来的伟大征程中，国家生机焕发。党中央在这个历史节点提出了我国发展战略的安排，对我们每一个青年人而言，既是机遇，更是挑战。青年人应当接过时代的接力棒，保持追梦圆梦的昂扬姿态，以青春之我成就青春之中国。

青年人是国家的未来、民族的希望，成就青春之中国需要优秀的广大青年，需要广大青年不断突破自我、不浪掷党和人民的殷切期望、不辜负时代赋予的历史重任。

习近平总书记指出：广大青年要忠于祖国、忠于人民。陶行知先生曾说："爱国是每个人的本分。"是的，热爱祖国是每一个人内心最纯洁、最真实的感情。对我们青年人而言，这是我们取得其他成就的基石。"厉害了，我的国""这盛世如你所愿"……这一切都让每一个身处其中的青年为之自豪。今天的青年人和我们的前辈们一样深情地热爱着脚下这片热土，深爱着这片土地上善良与勤劳的人民。因此，未来我们首先要保证的就是继续秉持热爱祖国、热爱人民的思想准则并内记于心，外化于行，以实际行动谱写出一份感恩祖国、报答人民的靓丽答卷。

习近平总书记指出：广大青年要立鸿鹄志、做奋斗者。鸿鹄高飞，一举千里，一个远大的志向是前进的方向、奋斗的动力。周恩来总理曾说：“为中华之崛起而读书。”这句话后来成为他一生的目标。我们今天的青年人处在近代以来最好的时期，我们的梦想不再是老一辈的国家救亡，我们的任务是新时代的民族复兴。我们应当叩问自己，我们是否有前辈们的气魄与能力，立下与国家命运同频共振、与民族大业同向前行的远大抱负？奋斗是青春最靓丽的底色，有梦只是青年人理所应有的起点，追梦才是更近一步的常态。没有一帆风顺就能实现的目标，星辰大海的面前是道阻且长的漫漫征途，经天纬地的背后是日积月累的默默耕耘。我们应当坚定理想、勇于奋斗，为着圆梦而持之以恒。

习近平总书记指出：广大青年要求真学问，练真本领。“工欲善其事，必先利其器。”当代中国青年就是未来的社会主义事业接班人。光荣的使命意味着更高的要求。“平均年龄33岁的航天海上发射团队”，“‘90后’成为博士生导师”，“20岁出头的最美逆行者”……我们发现越来越多的青年人正逐渐成为社会的中坚力量，他们学识渊博、本领过硬，开始登上推动国家发展的舞台。而作为新时代的大学生，我们也应当认真学习，充实自己，提高能力，锤炼内功，才能在今后面临更加纷繁复杂的国际格局和日新月异的国内形势时与时俱进，推动中华民族的复兴巨轮劈波斩浪，行稳致远。

习近平总书记指出：广大青年要知行合一，做实干家。“纸上得来终觉浅，绝知此事要躬行。”青年人要仰望星空，更要脚踏实地。今天的我们有着比前辈们更丰富的学识，更广阔的平台，因此，我们不能停留于浮光掠影的表面呼号，而是应该化知识为行动，切切实实地践行青年人的初心与使命。祖国需要、人民福祉，这些都将在我们的手里创造，因此，祖国和人民必将期望一代有理想、有激情、有能力，更有实际行动的新时代新青年。

“浩渺乾坤日月梭，人间盛世乐祥和。”今日的中国正青春、正繁华。但我们不应该忘记我们在肩的重担：今日我们继承与享受的文明发展成果和国家发展成就都是前辈的创造，是前辈青年们进取拼搏才让我们今天有了为之欢欣鼓舞的激情，作为民族复兴伟业上不可或缺的一环，我们这一代青年人应当以当仁不让的勇气与胆量扛起国家富强的大旗，以奋发向上的青春妙笔，完成祖国发展的宏大蓝图。

习近平总书记曾指出：中华民族伟大复兴的中国梦终将在一代代青年的接力奋斗中变为现实。让我们行动起来，在全面建成小康社会、基本实现社会主义现代化乃至全面建成社会主义现代化强国的征途中放飞梦想，激扬青春，以青春之我成就青春之中国！

疫情下的中国气质

——学习“在经历中学习——疫情防控公开课”有感

杨正贤

在为期两周的专题学习中，我一步步感受着中国在防控新冠肺炎疫情中彰显的大国风范，大国气质；渐渐深入地体会到我国制度的优越性，群众的巨大力量。下面是我的一些感想，愿与诸位分享，思考欠妥及不足之处，还请包涵指正。

观疫情下的经济形势

关键词：短期冲击难改长期向好大势

疫情的爆发与蔓延自2020年春节前后至今持续有将近三个月，旅游、餐饮、娱乐、交通业几乎处于停摆状态，社会生活一切的活力似乎戛然而止。然而，事实是，这些消费并不是消失而是延期，待疫情结束后自然会释放与反弹。此外，疫情期间一些行业逆势增长，如网络购物、线上课堂、远程办公、在线娱乐以及智能制造等都在加快成长，这也都体现出中国经济巨大的韧性和潜力。

所以，疫情既是对中国经济发展和经济增长的挑战，也是各行各业进行深度思考的契机。“每一次重大的危机都是对商业模式广度创新、企业自我深度重塑与经济肌体升级再造的强力驱动。”趁着这短暂的“休息”时刻，所有企业管理者以及相关部门应该思考如何加快产业的升级与转型，如何进一步推动改革，如何更大程度地解放和发展生产力。加快企业创新，科技创新模式的改变，都是日后腾飞的助力器。至此，我们有理由相信。疫情过后，中国经济仍是一片繁荣景象，甚至超过从前。

谈疫情下的中国法治

关键词：疫情防控，法治当行

法者，治之端也。

任何时期，法律都是规范社会运行的标尺。疫情期间，法律的作用更不可或缺。它是将社会拉回发展正轨的有力缰绳。

在前不久召开的中央全面依法治国委员会第三次会议上，习近平总书记强调：“疫情防控越是到最吃劲的时候，越要坚持依法防控，在法治轨道上统筹推进各项防控工作，保障疫情防控工作顺利开展。”足见法治在此次战疫中至关重要的作用。

从医疗卫生角度看，新冠肺炎疫情的防控是非常专业的医疗行动，需要根据传染病防治法采取防护措施，制定救治方案。从社会治理看，新冠肺炎疫情的防控又是极为复杂的社会系统工程，也需要根据突发事件应对法协调各个领域，统筹各方面资源。现有法律体系为依法防控奠定了坚实的规范基础，而疫情期间新颁布、修订的法律法规更是疫情防控的“引路人”。这些法律规范，凝结了包括防控疫情、应对突发事件在内的很多智慧和经验，是值得倚重的制度法宝，同时也为打击不配合隔离的危害公共安全等犯罪行为提供最强有力的保障。

依法防控疫情，关键就是采取的疫情防控举措，必须依法、科学、有序。我们有理由相信，在党和政府的领导下，从立法、执法、司法、守法各环节发力，全面提高依法防控、依法治理能力，我们终将打赢这场疫情防控阻击战。这是一次对疫情的胜利，更是社会主义法治的成功典范！

析疫情下的中国精神

关键词：革命精神助力战胜疫情，制度优势决定防疫成效

从抗日战争到万里长征，从两弹一星到沙漠绿洲，从神舟飞天到蛟龙入海……历史与实践充分证明，任何时期，革命精神都是我们战胜困难的精神武器。它是中国共产党领导中国人民在长期的革命实践中孕育而成的精神财富。

“一人一责，落实到位”的担当精神，“团结一心，同舟共济”的团结精神，“砥砺奋进，自强不息”的奋斗精神，“鞠躬尽瘁，死而后已”的奉献精神，最终撑起了防疫的围墙，坚不可破，牢不可摧。各级党组织和广大党员、干部冲锋在前，顽强拼搏；广大医务工作者义无反顾，日夜奋战；人民解放军指战员闻令而动，敢打硬仗；广大人民群众众志成城，守望相助；广大公安民警、疾控工作人员、社区工作人员等坚守岗位，日夜值守；广大新闻工作者不畏艰险，深入一线；广大志愿者真诚奉献，不辞辛劳；火神山、雷神山医院的快速完工，再一次展示出惊人的“中国速度”。这，都源于所有中国人心中不灭的民族认同感、责任感；都来自内心源源不断的精神圣火。

坚持党的集中统一领导抗疫情，坚持集中力量办大事抗疫情，坚持以人民为中心抗疫情，坚持以“牺牲小我保全大我”的气节抗疫情。这样完善的制度，得以让中国闪耀世界；得以让中国永驻时代潮头，走特色道路，走自信道路。将小我寓于大我的时代，将个人价值与社会价值、民族价值紧密联

系，终会创造一个又一个属于中国的神话。

精神不倒，进步不止；精神不丧，未来可期。相信每个人的精神火种终有一天会形成燎原之势，驱赶一切黑暗，一切灾难！

论疫情下的所有青年

关键词：忧国知国，为人尽心

我们见过了政府的反思，国际的思考，社会的讨论，那么，身为青年的我们，从这次疫情中应该学到什么呢？

“事事关心，人人尽力。”蒙曼老师的这句话深深触动了我。

吾辈青年，虽不足年龄，未满才学，无法上一线；却也应知国内时事，勤思发展改革，理性分析时势，为人怀有尽善之心，尽力行之。

忧国。理性分析，不随波逐流，不盲从舆论，有自己的思考。信息化时代有利有弊，海量数据按秒涌进网络，这就要求我们从大量的信息中筛选有价值、真实的信息为我们所纳。要有居安思危的意识，要从这次疫情中思考存在的不足，作为自己日后追求、完善的目标。需要指出的是，这里的“忧”并非一味杞人忧天，而是怀有信心地未雨绸缪。

知国。充分了解在防疫过程中，中国政府做出的每一项举措的出发点和目的所在。充分了解国家体系，国家政策，理解执法部门。知道国家的实力所在，国际地位所在，一以贯之地拥护与爱戴。

尽心。尽自己的真诚之心。它是爱国情怀，是民族情怀，是对奋战一线的所有人的敬佩与关心，是对疫情走向乃至国家发展的关注。

尽力。力所能及之处，果断行之；力不能及之处，给予能及之人最大的鼓励与最美好的祝愿。“术业有专攻”，每一个人都有自己的擅长之处，做到物尽其用，人尽其力，就是实现自我价值最好的途径。不必感伤于能力缺憾，每个人的存在都有其特定的意义，尽力，便好。

忧国知国，为人尽心尽力，这是我们每一个青年学子日后都应当做到的。

结语

“青山一道同云雨，明月何曾是两乡。”

每一次国际性灾难的出现，都是全人类共同的战役。不论国籍，不论地区，不论人种，不论年龄，与每一个人都息息相关。在经济全球化的时代，像新冠肺炎这样的重大突发事件一定不是最后一次，各种传统安全和非传统安全问题还会不断带来新的考验。而唯有国际社会达成树立人类命运共同体的共识，守望相助，携手应对风险挑战，才能共建更美好的地球家园。

让我们都加入进来，打破各自修筑的壁垒，敞开心扉，为自己，为人类，做一生的拼搏！

疫情之下的中国

杨泸童

纵疫扰，大势所趋，经济未停滞

2020年年初，一场令人谈之色变的瘟疫席卷神州大地，为本喜庆吉祥的中国春节抹上了一层阴霾。天，是灰暗的，心，是攥紧的。所幸，密布的乌云已被撕裂出一道口，洒下那令人期望已久的阳光。与新冠肺炎疫情同样令公众高度关注的莫过于疫情后的中国经济走势。“我们国家的经济那不是小池塘，而是大海。”习近平总书记一席话深刻体现了中国经济基础实力之强大，以及良好的发展前景。

纵疫乱，法网恢恢，普天终安定

疫情，突然袭来，民心惶惶。法规，应急制定，春风习习。新冠肺炎的防控是对我国国家治理体系和治理能力现代化的一个“大考”。在疫情这特殊的社会现状下，人情冷暖与铁法严律究竟该如何取舍，不可否认地成为我们每位公民、每座城市、每个国家需要认真考虑的关键点。执法，也必须在法律规定的范围内进行执法，严格、文明、规范、公正的执法才是当下社会所需要的，也是必需的。法律面前，人人有责。疫情防控并不是某个人的事情、某一类人的事情，莫言“扫清自家雪，别管他人霜”。

纵疫难，炎黄子孙，使命必达

新冠肺炎疫情爆发打破了欢喜，打破了宁静，打破了冬日的暖窗，让那凛冽的寒风呼啸。中国，承受了难以忘却的伤痛。但在那切齿的伤痛背后，有“逆流而上”的坚定，有“风萧萧兮易水寒”的悲壮，有“纵千万人阻我，我要去，那便去”的决然豪情。有那么一批人，毅然前往，有那么一群人，遥望守候。我们目睹了一幅幅母亲送儿子、妻子送丈夫、兄弟争相前往灾区的泪目画面。这些精神，是中华民族优秀传统文化的重要组成部分，是社会主义核心价值观的生动写照。这些精神，我们不会忘却，只会继承、弘扬，才能对得起母亲的三春晖，才受得住妻子的望眼欲穿，才负得起兄弟的热情拥抱。人在，精神在。精神在，人就在。“返乡潮”后的“奔疫流”令人民群众的敬佩之意油然而生。与此同时，国际疫情形势十分堪忧，但中国人民并未袖手旁观。意大利在 2008 年汶川大地震时第一时间派出了 14 位顶级医疗人员前来灾区提供医疗援助，此时，正受疫情严重困扰的意大利，接收到了四川省数位主动请缨的前线医生提供的最新新冠肺炎治疗经验。

纵疫猖，家国天下，吾辈责任

出生于世纪之交的我们，作为中华儿女，个人自身发展轨迹与祖国复兴道路暗自契合，在把握时代新特征的同时，更要深深地理解践行中华博大精深的传统文化。“仁”的思想，耀古烁今，“修身，齐家，治国，平天下”，在抗疫背景下，个人的“修身”起着至关重要的作用。“天下兴亡，匹夫有责，”作为大学生，我们不能忘记学习的初心和目的——家国天下。“事事关心，人人尽力”，知国，更要报国。

纵疫嚣，回首往昔，借古鉴今

“夫以铜为镜，可以正衣冠；以史为镜，可以知兴替；以人为镜，可以明得失。”拥有着五千载悠长历史的中国，也曾受过各种疾病的肆虐。中国人民成功抗击过天花、鼠疫、非典等多种疾病、疫情。从西方国家口中曾经的“东亚病夫”到日新月异的“健康中国”，中国卫生事业经历了若干重要发展阶段并取得了重大成就。“春风杨柳万千条，六亿神州尽舜尧”，中国人民表现出的团结和勇气，通过全民抗疫化“危”为“机”，有力推动了国家治理体系和治理能力现代化。当前，疫情正向全球蔓延，提供中国方案，义不容辞！

纵疫獗，心念他人，共建大和

经共同努力，我国疫情防控形势发生积极向好，取得阶段性重要成果。但中国疫情好转的同时，其余各国都饱受着新冠肺炎的折磨。如何化“危”为“机”是各个国家应该慎重思考的问题。“穷则独善其身，达则兼济天下”，放眼世界，国际竞争更加激烈，国家发展面临更多挑战。中国年轻人需要拓展全球视野，共同助力打赢病毒阻击战、经济复苏战，以人类命运共同体的理念与格局开创更加美好的未来。

疫将平，万众一心，社会主义好

为何在疫情面前，中国能举全国之力，形成强大合力，造就令人惊叹的中国速度、中国规模以及中国效率？以“人民”为中心，“为人民服务”等，并非某些政客的糊弄性口号，而是我党真真切切的工作目标与要求。疫情当前，“以人民身体健康为重要工作目标”这一指导纲领使得中国能集中 14 亿人民的力量，共渡难关，中国特色社会主义“以人为本”“集中力量办大事”的价值追求得到了充分体现。对于西方某些资本主义国家而言，全民动员是他们根本无法想象的。经历这次疫情，我们必将更加坚定中国特色社会主义道路自信、理论自信、制度自信、文化自信！

永恒的家国情

黄竞辰

祖国的进步让我们不再将自信建立在一场体育比赛的胜利上，但竞技体育中体现的顽强拼搏、为国争光的精神是所有华夏儿女永恒不变的家国情怀。

——题记

从1981年的五连冠到2016年里约奥运会中国女排再次站在世界冠军领奖台上，《夺冠》这部电影再现了新老两代中国女排近40年的风雨历程，其中诠释的女排精神既有鲜明的时代烙印，又不断地丰富和发展，激励着一代代中华儿女奋勇前行，勇攀世界高峰。

电影中老女排夺冠后，全国万人空巷的庆祝场面，给我留下了深刻的印象。人们高举着火把，点燃了震耳的鞭炮，我第一次强烈地意识到，女排的夺冠其实是全中国同呼吸共命运的一次夺冠。女排精神是一代爱国勇敢、顽强拼搏的热血青年们所共有的精神；女排姑娘拼搏的身影也是无数奋斗的中国人的缩影。我也突然真切地体会到了中国梦的内涵，就像老女排的姑娘们一样，我们每个人身上都背负着自己的梦和全中国共同的梦。对于女排姑娘们来说，当她们实现个人梦想时，有无数中国人在为她们喝彩，而对于在其他领域努力奋斗的我们来说，也是如此。

那种万人空巷的庆祝场面现在很少看到了，一场体育比赛的胜负在国人心中的分量好像越来越轻。难道是我们的爱国热情随着时间的流逝，也变得越来越淡了吗？

在《夺冠》这部影片中，我找到了答案。在电影中，郎平说：“我们那么在乎赢，是因为我们还不够自信。我们身上的包袱太重了。等到我们足够自信的时候，就不会那么在乎赢。”几十年前，奥运会上的排球比赛对于当时的中国人来说，远不只是一场竞技运动，而是全中国人向世界呐喊的窗口。当美国等西方国家开始将计算机应用于排球训练时，这项新科技对当时的国人来说还十分陌生。为了弥补科技上的劣势，时任中国女排教练的袁指导决定将队员们训练用的排球网上调十五厘米：“我们这么干，计算机能算出来吗？”女排运动员们每天重复着大负荷的训练，个人生活和娱乐活动的时间被越挤越短，最终从生活中被剔除出去。她们甚至连除夕都要留在排球场加练。为了救起一个被高速扣下的球，她们不断摔着跟头，双手在地板上摩擦，被木刺扎到鲜血淋漓，身上旧伤未去又添新痕。老女排队员们用透支自己下半辈子健康的方法日复一日地训练着，她们的故事也处处透露着牺牲的鲜血气息和压抑的负重感。排球赛场对于她们来说更像是战场。有的队员心脏做过两次手术却依然在赛场上拼命，作为其中主力的郎平更是脖子以下没有一块好骨头。然而，在几十年后的今天，女排队员的生活发生了很大的变化。当年青涩的郎平即使牺牲自己的健康也想进入国家队，因为她“已经不能考大学了，只能打排球”。如今，已经成为教练的郎平鼓励她的队员们在训练之余去恋爱、培养爱好，她甚至选择支持一名女排姑娘离开一直培养她的队伍，因为在她离开国家队后，依然可以回去考大学，她的人生充满了更多不同而美好的可能。电影中，新老女排生活方式的强烈对比让我们看到国家的进步与人民观念的进步。这是中国逐渐提高的综合国力和不断增强的民族自信心所赋予的。

如今的中国再也不需要通过一次夺冠来证明自己的实力。中国女排的训练方式、赛场上的战略战术和过去相比都发生了很大的变化。但唯一不变的是中国女排不畏强敌、顽强拼搏、团结战斗、永不言弃的精神。在里约奥运会的颁奖典礼上，女排姑娘们手牵着手站在冠军领奖台上，眼含热泪却无比自豪地盯着高高升起的五星红旗。透过模糊的泪眼，我突然明白，不论时代如何发展，我们永远都会被为国争光的家国情怀感动。尽管现在女排夺冠后，不再会有全国的万人空巷，但女排精神却一直激励着、感动着一代又一代为中华民族伟大复兴而努力奋斗的年轻人。让我们勇敢地去拼搏，去拉近我国和发达国家之间存在的差距，实现祖国综合实力的不断提升。

永驻心中的志愿之花

杨城磊

漫步在河畔，一缕阳光洒落肩头，微风不时拂过面庞，空气中含着泥土的芬芳。迎面奔过来几位小孩子，洋溢着幸福的笑容，从我身旁嬉闹而过。“杨老师！杨老师！”一阵欢快的呼喊声似乎又飞到了我的耳畔，在不经意间，我的嘴角微微上扬，不知怎地，又渐渐湿润了眼眶，心中藏满的思绪如小鸟一般，飞回了那个夏天。

当我的笔锋触碰逝去的岁月，我的眼前便浮现出了那时的记忆：2019 年 7 月 18 日，碧空如洗，白云似絮，怀揣着无限的憧憬，我与 22 位来自全国各地的志愿者组成了黔行春晖支教团，来到了贵州省朗溪镇的中心完全小学。在 20 天的日子里，我们为 200 多名留守儿童传递了真诚的爱心和温暖。

清晨，当第一缕阳光亲切地问候小镇时，我和后勤部的队员正在学校食堂里，为其他队员做早餐。由于担心年幼的孩子们在上学途中出现不慎，我和队员们每天都会步行至离孩子们家很近的一个集合点，统一接孩子们上学。多数孩子的家在周围的小山村，离镇上远，比较偏僻，因此，我和队员们按孩子们的家所在的山村分组，分成了不同的队伍，并提前熟悉路线，做好接孩子们的准备。由于当时正值暑假，孩子们都和老人住在家里，我和队员们则住在学校的学生宿舍里。每天清晨，我们都会在六点半左右起床，按照各个组接学生的路线，提前一小时左右，从学校出发，去接孩子们来学校听课。

每天清晨，阳光还未洒落肩头，伴随着轻柔的晨风，在去接孩子们的路上，我总是会在心里默默告诉自己：孩子们或许已经在焦急地等待我了，我不能让他们等太久。一抬头，我似乎能看到孩子们脸上期待而又着急的表情。每到此时，我总会下意识地加快前行的脚步。“杨老师！杨老师！”在还未到达时，一阵清脆响亮的呼喊声飞到了我的耳畔。远远地，我望见，孩子们招着手，正向我奔过来。大家排好了队伍，登记人数之后，我们便有说有笑，一同返校。

“老师，今天上什么课呢？”“今天啊，今天教一首《虫儿飞》的英文版歌曲。”一向觉得英语课十分枯燥的孩子们立刻被激发出了兴趣，整堂课气氛十分活跃。时间不知不觉地流逝了，我和孩子们都沉醉在美妙动人的歌声中，似乎忘却了响起的下课铃。课间，孩子们围在我身边，迫不及待地想要知道下节课的内容。看着他们一双双求知若渴的眼睛，我似乎看到了儿时的自己，那也曾是我的童年啊，我曾经想要去梦的深处将它找回，然而不能。但是，我现在可以为孩子们的童年增添一份乐趣和精彩。一想到这儿，我的心中感慨良多。

时间像是被按下了快进键，一天的上课时间总是过得很快。下午放学后，我和队员们一同送孩子们有序地回家。夏日的太阳依旧炙烤着大地，我和队员们为孩子们拿书包，尽力减轻他们的负重。一路上，我们就像许久未曾见面的朋友一样，彼此都有说不完的话。“你们长大后想去外面的城市读书吗？”我微笑着对孩子们问道。“想！想！我想去我爸妈在的那个地方读书！”孩子们异口同声地说道。听到这，我心里有点不是滋味，微微扬起的嘴角也逐渐垂下来。他们的父母大都离这儿很远很远，孩子们也许一年只能与父母见上一两次面。他们缺少了父母的关爱，心中最渴盼的便是和爸爸妈妈在一起。一想到这儿，我的眼眶渐渐湿润了，自己明明有想说的话，却还是装进了心里。

离别那天，我们开展了结课汇演活动。当孩子们知道是最后一天上课时，他们的脸上并没有洋溢着放假时的喜悦，相反地，一个个都围在我们身边，不怎么说话。我们送了一些学习用品给他们，还在赠送给每个孩子的笔记本上，写下了对孩子们真挚的祝福语。那是最后一次送孩子们放学回家，临走时，几个女孩子眼里噙着泪水，用最质朴的方言问我们：“你们明年还会来吗？”“我们……我们可能会有一支新的队伍来。”孩子们沉默了，站立良久。等我和队员们走远了，一回头，发现孩子们仍在原地，向我们挥手告别。刹那间，我再也忍不住了，一扭头，滚烫的泪珠，大颗大颗地往下滴落，落在这片令我难忘的土地上。

一缕微风拂过面庞，我的思绪飞回了河畔。在一朵盛开的鲜花旁，我停住了脚步，任由那段岁月湿润我的眼眶。在我心中，那段支教的岁月是最为动人的岁月，志愿者的精神之花将永驻心中，我将用最真诚的爱继续浇灌它！

有幸报国，不负少年
——《大宋少年志》剧评

张宏岩

提到宋朝，你会想到什么——经年积贫积弱，外敌虎视眈眈？抑或文坛群星并立，文章千古流传？我常常忽略，在每个时代，也许都会有那样一批少年，无论出身、无论过往，在成长的酸甜苦辣中，逐渐承担起家国的责任。

《大宋少年志》是由王倦担任编剧，以北宋和夏国之间长达百年的战争为背景，讲述少年们为家国大义守望相助，在隐蔽战线上为守护江山社稷和百姓平安而奋战的故事。

来自官方的简介看起来有些平淡，这部剧带有轻喜剧色彩的剧情更容易使人“上头”。《大宋少年志》以单元剧的形式展开，铺叙了一个个精彩的案件，不断的反转不会让你感到生硬，反因自己忽略掉之前铺垫的线索而大赞编剧的生花妙笔。《大宋少年志》是一部群像剧，六位少年都不可或缺。元仲辛的聪明圆滑、赵简的聪慧独立、王宽的正直守则、小景的天真可爱、韦衙内的赤子本心、薛映的执着上进，他们相辅相成，团结互助。一系列年轻的演员将人物演绎得各有特色，嬉笑打骂，一颦一笑，好像真的有一群少年在那时出现过，有幸我能够遇见。

印象很深刻的应当是王宽的人物塑造。王宽是一位书生，正直但不迂腐，君子端方，莫过如此。王宽和元仲辛一样，在见过世界黑与白、善与恶、尔虞我诈与一腔热血后未被黑暗吞噬。王宽选择入世，当掌院告诉他世事大局，他掷地有声：“有幸报国，不负少年。”王宽此人，看似温和，但恪守自己的原则。当发现昔日老师手段狠辣，为达目的不择手段，他反驳：“弟子理解，却不以为然。”他抗争：“就算黑暗里行事，心中也该有光才对。”他将“严于律己，宽以待人”阐释得淋漓尽致：“我守自己的原则，可从来不会约束别人。”一介书生，正是怀有这样的本心，方不入歧途。“君子持身，自养浩然正气，虽百邪，难辟也”，此话正是称誉这样的人吧。

《大宋少年志》中很吸引我的，还有女主赵简的性格。她爹爹想让她成亲，走寻常女子的路，可是她不愿意，她说：“我今日走，是为求我心中之路，世间万物阻我，不死便不屈。”她没有否定女性性别本身，也没有把自己当成男子，而是一直强调女子不能成为别人的附庸，一辈子活在别人的羽翼之下，女子也可以建功立业、兴国安邦，女子也可以努力活出自己精彩的人生。

当然，这对于中国古代的女子来说是一种过于超前的思想，但是现在女性所追求的独立自主是不是也应当如此呢？不必妄自菲薄，也不必妄自尊大，提升自己，活出自己的精彩，才称得上是真正的独立！

不同于当下一些快餐剧，《大宋少年志》使我更加感动的是它传递出来的价值观，它通过编者的笔和演员的演绎，将这些道理悄然融入其间。

“家国兴亡，匹夫有责。”剧中的人物有不同的背景，每个人代表着不同的立场，但你会发现，没有人是绝对的“好”或“坏”，每个人无奈的背后是对家族或国家的殚精竭虑。你看到这些少年，不论什么原因加入，都在不断成长，在携手的过程中他们明白了民族大义、是非对错，他们渐渐地把国家安危放到了第一位。剧中主角也好，没有名字的配角也罢，他们都希望两国可以不再起战事，不会再造成生灵涂炭。开封城人流如织，商贾遍地，安居乐业的繁荣景象背后是所有人对和平的渴望。主角团抱着这样的信念，明是非，辨对错，在成长的途中他们学会了割舍，也收获了信任。世事沧桑，光阴流转，他们在长大，不变的是对和平的追求和少年本心的纯真。

天真赤子，只问本心对错，不问功利安危。愿少年人，都当如此！

在经历中学习，在逆境中前进

方浩然

“风声雨声读书声声声入耳，家事国事天下事事事关心。”关心国事、心系天下历来是中华民族所推崇的高尚品格。新年之际，中国爆发了新冠肺炎疫情，想必每一位中华儿女对此事都予以了高度的关注，对灾区的人民都寄予了深深的同情，对奋战在抗疫前线的白衣天使和工作人员都致以了崇高的敬意。

前进的道路不可能一帆风顺，这次疫情传染速度之快、传播范围之广、影响面之大确实对中国经济的发展造成了一定的冲击。但是任何艰难险阻都不能阻止中华民族在通向伟大复兴前进道路上胜利的脚步。此次疫情并没有改变中国经济长期向好、稳步发展的方向。面对此次疫情，党和国家领导人将会采取稳健而又更加灵活适度的货币政策，来刺激和保障经济的快速恢复和稳步发展。

我们不仅要正确看待新冠肺炎疫情给中国经济带来的直接影响，更要透过抗击疫情看到中国人民战胜疫情的必胜信心和绝对优势。

疫情爆发时，全国各地向湖北、向武汉大量运输救援物资，火神山医院和雷神山医院迅速建成，一批又一批的抗疫医疗队奔赴灾区，每一位中华儿女都对灾区人民给予物质和精神上的大力援助和支持……一方有难八方支援的团结友爱精神和中国发达的交通运输网形成了抗击疫情的两大优势。

截至今日，中国疫情能得到有效控制不仅得益于以上两个优势，更离不开中国特色社会主义制度的优越性和中国共产党的英明领导。疫情爆发后，中共中央政治局常务委员会迅速召开会议，习近平总书记主持会议并发表重要讲话，会议上专门听取新冠肺炎疫情防控工作汇报，对治疗工作进行再研究、再部署、再动员，会议又决定成立疫情工作领导小组。从上级紧急召开会议商议防控对策，到各部门各单位全方位切实落实，再到全国人民的积极响应与大力配合，以及实施过程中国家提供的有力的法律保障，形成了一套有效的治理体系。正因如此，在疫情呈现全球蔓延势态之际，中国有效遏制住了确诊人数的增加，多地多天实现零增长。中国在经受住了疫情的爆发以及疫情防控工作对国家治理体系和治理能力的考验的同时，所展现出来的中国速度、中国规模和中国效率让人惊叹，获得了国际上的高度肯定和赞扬，这充分体现了我国应对如此大规模突发公共卫生事件的能力和担当，也再次集中体现了中国特色社会主义制度的优势和党的英明领导。

目前，中国的疫情已经得到了有效的控制，但是放眼全球，世界范围内，许多国家和地区都爆发了新冠肺炎疫情，国外疫情确诊人数已经超过百万。我们不仅要心系祖国，还要有开放的胸怀、全球的意识和人类命运共同体的理念，决不能以中国疫情爆发之初部分国家对中国采取不予帮助反而嘲笑的态度和方式来对待他国。

2020 年 3 月 27 日，习总书记在应约同美国总统特朗普通电话中强调，新冠肺炎疫情发生以来，中方始终本着公开、透明、负责任的态度，及时向世界卫生组织包括美国在内的有关国家通报疫情信息，包括第一时间发布病毒基因序列等信息，毫无保留地同各方分享防控和治疗经验，并尽己所能为有需要的国家提供支持和支援。据外交部发言人办公室消息，中国政府已经宣布向 80 多个国家和世卫组织、非洲联盟提供援助，包括检测试剂、防护服等，并已采取了实质有效的帮助举措。这充分体现了中国作为一个大国的责任与担当。我坚信，在中国的大力支援下，全球范围内的疫情一定能早日结束。

综上，不难看出，只要我们坚持中国共产党的领导，坚持走中国特色社会主义道路，就一定能快速战胜疫情，实现医疗体系的进一步完善，经济的恢复与快速发展，化“危”为“机”，在实现中华民族伟大复兴的道路上更进一步！同时，作为大学生的我们要明辨是非，积极向上，心系祖国，胸怀天下，在经历中学习，在逆境中前进，为早日实现中华民族的伟大复兴贡献自己应有的一份力量！

在时代洪流中奔涌前行
——《后浪》观后感

杨城磊

“你们有幸遇见这样的时代，但是时代更有幸，遇见这样的你们。”是的，我们如同一朵朵激荡着的富有生命力的浪花，汇聚成奔涌的河流，在时代大潮中高歌猛进。

正如《后浪》中所言：“所有的知识、见识、智慧和艺术，像是专门为你们准备的礼物。”仰望历史的星空，人类创造的智慧如同无数颗闪耀着光芒的明星，点缀在历史的苍穹之上。我们可以遨游在智慧的星空里，畅游在知识的海洋里，蓬勃于知识的土壤里，以一颗求知若渴的心，拥抱一切我们所热爱的智慧和知识。在校园里，我们可以参加科创活动，将创新的元素融入自己所学的知识，将知识海洋的灯塔用实践之光点亮。

“很多人从小就在自由探索自己的兴趣。”是的，每个人都有一颗宝贵的好奇心，它给了我们不竭的动力，促使我们不断地向前探索，追寻兴趣之所在。在学业上，每个同学都会面临选择专业的情况，这时，除了成绩的客观条件，探索自己的兴趣仍然不可或缺。每个人都会基于成绩，结合自己的兴趣，来选择合适的专业。兴趣之于我们，犹如雨露之于新苗，它是我们蓬勃向上的动力源泉。

“年轻的身体，容得下更多元的文化、审美和价值观。”《后浪》赋予了“年轻”新的内涵，是的，面对文化繁茂、百花齐放的世界，我们拥有更为广阔的视野，更加多元的价值观，以更加开放的姿态，拥抱多元的文化。犹记习近平总书记在博鳌亚洲论坛上曾说：“一花独放不是春，百花齐放春满园。”是的，在世界文化的大花园里，我们期望看到的不是一枝独放，而是满园春色。当世界文化的花园呈现一派欣欣向荣的景象时，我们的文化花园也会留下更多同伴的足迹，文化的花香也将永存于世。

“一个国家最好看的风景，就是这个国家的年轻人。”是的，青年如初春之百卉，将生命的美丽呈现在时代的花园；如天幕之霞光，将青春的绚烂点燃在时代的星空；如苍穹之雄鹰，将理想和价值化作双翅，翱翔于天际。年轻人之于国家，如同朝阳之于大地，冉冉升起的朝阳，将美好的光辉注入广袤无垠的大地，给万千生命带来了希望。这正如同年轻人将无限的热情和宝贵的青春投入国家的建设中，为民族复兴不懈地努力。

翻开历史的画卷，青年留下了许多浓墨重彩的篇章。以青年学生为主的五四爱国运动，标志着中国新民主主义的开始；嘉兴南湖上 13 位青年召开党的一大会议，使中国革命的面目焕然一新。而今，民族复兴的火炬将传递到我们手中，作为年轻的一代人，我们应当不忘初心，牢记使命，如激荡的后浪，凝聚成奔涌的河流，在时代大潮中高歌猛进。

知历史选择，明奋斗目标
——《苦难辉煌》读书体会

苏启聪

“尔曹身与名俱灭，不废江河万古流”。新陈代谢，时代更迭，吐故纳新。历史的航程波澜壮阔，时代的大潮奔腾不息。与那波澜壮阔和奔腾不息相比，人，何其渺小，人的生命何其短暂。滚滚大潮涤荡去纷华，在民族的血肉丰碑上，历史选择刻下了什么?

我想，应该是精神。物质不灭，宇宙不灭。唯一能比肩苍穹的便是精神。《苦难辉煌》为我们所揭示的，便是中国共产党那令人震撼的精神。

《苦难辉煌》一书以超越时空的战略视角，以世界东方为舞台，以20世纪早期的东亚国际政治格局（苏联社会主义革命、共产国际活动以及日本军国主义兴起）为背景，以中国共产党如何在万般苦难中产生、在不断挫折中成长、在反复失败中成熟为主线，以代表各方势力的历史人物为主角，用挖掘历史真相的写实手法，将各方纵横捭阖、冲撞较量而演绎出来的波澜壮阔的史实，进行了全景式的揭示和剖析。

这本书的一大特点是客观、真实，它告诉我们历史其实是一个非常复杂的多面体。事实并非想象，伟人也是很普通的，他们没有神的智慧和力量，他们也会犯错误。苏俄在中国最早看好的是吴佩孚而不是孙中山，斯大林在中国最早看好的是蒋介石而不是毛泽东。长征刚刚开始时根本不知未来方向，曾四面楚歌也曾差点遭到围歼。毛泽东也打过败仗，但他在公开场合坦然承认了错误。造就大英雄的时代，即是产生大叛徒的时代。又有谁能想到写出“慷慨歌燕市，从容作楚囚。引刀成一快，不负少年头”以证明革命决心的汪精卫会成为汉奸？历史，总能令人唏嘘不已。

中华民族从屈辱到翻身，从百年沉沦到伟大复兴，这一历史命运的大落大起、中国的百年沧桑，凝聚为历史的一瞬，凝结为一种精神。在历史的烽火狼烟里，无数的中国共产党人在探索救国救民的道路上孜孜以求，奋不顾身，那如火如炽的信念、不屈不挠的韧性、前仆后继的奉献，正是历史选择的刻画在民族血肉丰碑上的伟大精神。

读历史可以知晓兴衰和变革，因为它是冷漠无情的，因为它是奥妙无穷的。20世纪不是一泓平滑光洁的缓流，而是一段跌宕起伏、惊天动地的激流，历史奔腾不息的咆哮声音至今回响在我们的耳畔。那是一个需要热血的时代，那也意味着只能是年轻人的时代。那是一个年纪轻轻便可以干惊天动地事的时代，那也意味着是一个年纪轻轻就可以丢失性命的年代。没有人老态龙钟，没有什么德高望重。毛泽东写下了“孩儿立志出乡关，学不成名誓不还。埋骨何须桑梓地，人生无处不青山”。34岁时，他带领红军上了井冈山；周恩来29岁主持了南昌起义；聂耳不到23岁为《义勇军进行曲》谱曲；红军最年轻将领寻淮洲19岁当上师长，21岁当了军团长，22岁牺牲。那个时代，年轻人最需要的是热血，而最需要热血的是长征。美国记者索尔兹伯里说：“阅读长征的故事将使人们再次认识到，人类的精神一旦唤起，其威力是无穷无尽的。”

苏轼说，大江东去，浪淘尽，千古风流人物。

毛泽东说，国际悲歌歌一曲，狂飙为我从天落。

历史选择了信念，选择了奋斗，选择了精神。金一南在写这本书时说：“谨以此书，献给过去、今天、未来成为民族脊梁的人，他们历尽苦难，我们获得辉煌。”在新的时代、新的历史征程中，担当时代奋斗主角的是我们新的一代。作为大学生的我们，要知历史选择，析历史兴替，胸怀壮志，矢志奋斗。那这一切的牺牲、努力和奋斗，到底是为了什么？

习近平总书记说，人民对美好生活的向往，就是我们的奋斗目标。

中国精神的时代印迹
——“在经历中学习——疫情防控公开课”学习体会

汪旅雁

2020年的开局非常不平静，新冠肺炎疫情、美国流感、澳大利亚山火、非洲蝗灾，天灾人祸并行，生命在灾祸面前显得脆弱，亦显得坚强。在我们的土地上，“最美逆行者”的身影印刻在我们的心里，我们痛惜前线战士的逝去，也从他们毅然的背影中看到了生命的伟大与人性的情怀。

这一代的中国人，给“逆行”这个词赋予了新的内涵与生命的意义。“逆私情，行公义”，我始终相信，总有那么一些特殊的表达，可以不分年龄、不分国界，感动每一个身处在这个时代的人，烙上这个时代的印记，因为这个世界所发生的一切始终与我们每一个人息息相关。语言是人类文明有力的、持续的力量，我们需要一些符号，向远方奋斗着的同胞们传达心底的感恩与敬意。

印象很深的是蒙曼教授提到的两句诗——“位卑未敢忘忧国”，“不为良相便为良医”。

反映到这次疫情上，我的理解是，我们取得卓越成果离不开两个至关重要的因素：党的领导和千千万万平凡人的不平凡的奉献。我们有“良相”也有“良医”，有杰出院士和学者的引领，也有许许多多平凡人用家国之情凝聚起来的中国力量。

波黑前总理在一段发给王文院长的视频中说道："新冠病毒肆虐下，中国是全球保卫人类的第一道防线。"中国的及时与严谨在很大程度上减缓了病毒在世界范围内扩散的趋势，这是中国为人类命运共同体做出的贡献。

记得除夕前后，随着疫情无法预料的迅速扩展，对湖北省政府的指责、对湖北省红十字会的抨击等各种声音充斥着网络，医疗物资因准备不够充分大量短缺。但随着党中央一声令下，全国上下同心合力，雷神山、火神山医院以极快的速度建起，医疗物资迅速扩产，众多工厂对生产线进行改造从而投入物资生产中去，粮食、蔬果等农产品也从全国各地运往湖北……我曾看着疫情地图上，各地的颜色一点点加红加深，也听到各省市新增病例清零的好消息一条又一条传来。

疫情在世界的各个角落开始蔓延——钻石公主号上疫情的扩散、一些国家的隐瞒与掩盖、英国广受争议的"群体免疫"政策、意大利的监狱暴动……众多的实例表明，在灾祸面前没有国家能够做到万无一失，只有真正把人民生命放在首位的政党才能够在灾难中抓住转机、取得优势。"水可载舟，亦可覆舟"，自傲、轻视与对生命的冷漠终还是会受到人民的抗议与自然的制裁。人类的命运早已紧紧联系在了一起，没有国家能够在幸灾乐祸中独善其身，但是团结在一起的力量可以给不同种族的人们带去同样的温暖与战胜灾难的力量。

从革命的炮火中走来，党带领着我们度过了许许多多生死攸关的时刻，从抵御外侮到结束内战，从一穷二白到全面建设，从天灾到人祸，没有什么危难能够击垮我们必胜的信心，越是到危急的时刻，那些融入我们优秀传统文化中的革命精神越是熠熠闪光。井冈山精神、长征精神、抗战精神……革命的枪响警醒着我们肩上始终背负着的民族责任；雷锋精神、抗洪抗震精神、抗击非典精神……无数的奉献教会我们学着先人的样子完成我们这一代的担当。所谓革命精神，不仅是对过去的故事、过去的人的缅怀，更是时代赋予我们这一代人以信心与决心。相信在党的带领下，我们可以怀着对前人的崇敬，全力打赢这场人民战、总体战、阻击战，我们的文化里也必将加入这个时代的声音。

这次新冠肺炎疫情带给了我们深刻的教训与一定的损失，在这场疫情中逝去的不是一个又一个红色放大的数字，而是一个又一个家庭，以及一个又一个挡在我们身前的医护战士。没有人会感谢灾难，但是所谓“塞翁失马，焉知非福”，“我们交了学费一定会学到东西”，就像老师说的，我们在抗疫过程中展现了我们的制度优势和中国经验，我们给全球提供抗疫知识与公共产品，我们国家的软实力得到了提升，我们国家的治理体系与能力得到了提升，我们国家新经济的发展得到了推动。我们失去的，终将得到补偿性的恢复，我们终将实现凤凰涅槃。

中国抗疫显担当　同舟共济心连心

王荣煊

新冠肺炎疫情突如其来，牵动着我们每一个人的神经，对每个国家都是一场前所未有的巨大挑战。在这次挑战面前，中国凭借依法、科学防控，有效地控制住了疫情的蔓延。新冠肺炎疫情在全世界扩散，疫情之下没有人是一座孤岛，我们的世界本来就是一个你中有我、我中有你的人类命运共同体。中国积极地援助其他国家抗击疫情，体现了负责任大国的胸怀和担当。我们必须同舟共济，才能渡过难关。

依法防控，尽显中国制度优势

中国抗疫取得了卓越的成绩，与社会主义制度的优越性、党中央的统一领导部署以及人民群众的齐心协力是分不开的，与我国实行的依法、科学防控措施是分不开的。

党的领导是中国特色社会主义最本质的特征。在党的领导下，我们采取了一系列迅速果断的决策，有力地控制了疫情，充分体现了党中央统一部署的制度优势。社会主义制度具有集中力量办大事的优越性，我们能够迅速、统一地集中调度社会资源，合理分配人力物力，面对突发情况能做出果断的决策，从而能有效抑制病毒的传播。

人民群众是抗击疫情的伟大力量。我国始终相信人民群众、依靠人民群众，坚持走群众路线，发挥了广大人民群众的力量。全国上下团结一心、同舟共济是我们抗击疫情的法宝。疫情展现了民族的凝聚力和必胜的信心。革命精神旗帜在每一个角落飘扬，我们看到了火神山、雷神山的“中国速度”，看到了无数逆行的白衣天使和一线工作者，看到了全民一心、同舟共济。全国上下一盘棋，一条心，一股劲，才能汇聚成强大的合力，真正地打赢这场抗疫战。

疫情面前，法律至关重要。只有坚持依法防控，才能科学有序地战胜疫情，维持生活的正常秩序，保护人民的生命健康。我国在党中央的集中领导下，始终坚持把人民群众的生命安全和身体健康放在第一位。越是有疫情，越是应当依法防控，做到在立法、执法、司法、守法各环节贯彻落实法治观念，从而在法律层面为抗击疫情提供有力保障。

疫情防控是对国家治理体系和治理能力的一种考验。中国特色社会主义制度再一次显示出了强大的生命力和无比的优越性，我们必须更加坚定中国特色社会主义道路自信、理论自信、制度自信、文化自信。

同舟共济，贡献抗疫中国力量

新冠肺炎已经不单单是一个国家的突发危机，而是转变成了全球全人类要共同面对的情况。我们同呼吸、共命运，世界各国都受到了不同程度的影响。

中国在灾难面前体现出大国担当，没有采取狭隘的单边主义，而是竭尽全力积极提供协助。中国在国内疫情得到了一定程度的控制后，积极地派出医疗队去援助世界其他国家，并提供了各国急需的口罩、防护服、呼吸机、核酸检测试剂盒等，真正地将人类命运共同体理念贯彻落实到了行动之中。收到塞尔维亚、意大利等国家的求助后，中国迅速响应；看到多国疫情肆虐，中国与外国召开视频会议分享中国方法和中国经验，提供控制疫情的思路。

我们真正地履行着作为一个负责任大国的义务。

“山川异域，风月同天。”在全球化的今天，各个国家都不是一个孤独的个体。中国得到了国际社会的广泛援助，同时我们也在用自己的行动向其他国家伸出援手。中国积极倡导构建“人类命运共同体”，始终以开放合作共赢的姿态团结各国共同努力，凝聚共识开创更美好的未来。

青年担当，事事关心人人尽力

习近平总书记在给北京大学援鄂医疗队全体“90后”党员回信时，充分肯定了广大青年在疫情防控斗争中“彰显了青春的蓬勃力量，交出了合格答卷”，深情称赞“新时代的中国青年是好样的，是堪当大任的”。

在疫情中，我们看到了中国青年的担当有为。我们新时代青年学生要从思想到实践全面提升自己，担负起一定的社会责任，同全国人民一道为打赢疫情防控阻击战贡献青春力量。

我们要加强学习，用先进的思想和理论武装自己，联系实际了解疫情防控中凸显出的制度优势。我们要学会用科学、理性的眼光看待事物，面对复杂的国际舆论环境，我们应当学会明辨是非，知道哪些声音是公正客观的，哪些声音是居心叵测的诽谤与“双标”。我们要知法守法，积极地向身边的人传达相关的法律知识。我们要投身具体实践，理论联系实际，在行动中贡献自己的力量。

追火箭的人

严泽龙　黄柏臻　贺智颖

我是谁？我从哪里来？又要到哪里去？

每每仰望星空，相信许多人的脑海里都会蹦出这样的问题。遥远的星系里，是否那边还存在着另一个我？深远的太空中，是否还有“人”，如人类般，伸出“双耳”，捕捉着那无垠的深邃里的丝丝讯息，向外界证明，他们也并不孤单。

“天何所沓？十二焉分？日月安属？列星安陈？”

仰观宇宙，屈原发出天问之喟叹，千年之后，“天问”问天，“荧惑”不惑，中国人的行星探索之梦，今朝梦圆。

仲夏七月，海南文昌，骄阳似火。

长征五号，就这样静静地伫立在发射架上，蓄势待发。回转平台未开，我们还暂时难以一窥其真容。但我们知道，她就在那里，如一朵含苞待放的花儿，等待着发射时的绽放。

夜深了，正当我们已经有些许倦意之时，我们获知了一个激动人心的消息——胖五将在凌晨四点左右开始加注燃料。早上七点左右，回转平台将会慢慢打开，火箭将会怀抱张开，展现在世人面前！

这注定是一个难眠之夜——我们早早起来，爬上楼顶，塔架边正冒出阵阵“寒气”，仿佛正向我们展示着她作为大火箭所独有的“凌厉”。一层、二层……回转平台慢慢打开，如母亲缓缓张开了她的怀抱，羽翼渐丰的孩子，已经能够脱离母亲的庇佑，独自闯荡。“千呼万唤始出来，犹抱琵琶半遮面。”胖五终于渐渐露出了她的真身，满贮着骄傲与希冀，凝望着我们，注视着她的母星。

太阳渐渐升至头顶，镜头中，“寒气”似乎正在慢慢变小，这意味着，燃料即将加注完毕，发射，也即将进入倒计时。导杆缓缓拨动，打开，似乎也在拨动着我们的心弦，所有人，都在焦急地等待着那一个时刻，我们静静地注视着，急切地等待着。

“开了，开了！”人群中，有人大喊道。由于我们事先并不知道确切的发射时间，火箭的发射时序，全靠大家通过在长焦镜头中的观察猜测。导杆全部打开，这意味着，发射倒计时，将以秒开始计算了。

“一分钟准备！”人群中顿时爆发出一阵骚动。大家屏气凝神，静静地等待点火，所有人都端起相机、手机，期待着记录下胖五腾空而起的瞬间。

火箭下方渐渐开始冒出一丝火光，大家开始雀跃，快门声，欢呼声不绝于耳。而火箭则静默无言，在人们的目送下，缓缓地抬离地面。突然，天边传来石破天惊之声，如钢铁巨兽的沉吟。历经 900 多天的蛰伏，“归零”后的第二发长征五号，承载着中国人的探火之梦，缓缓升空。

没有倒计时，火箭就这样突然地升空了。我曾无数次地设想过我的反应，但没想到会如此的平静。直到火箭在高空划出一道尾迹云，在众人的欢呼声中，变成一个“火球”，慢慢地消失在了视野中，再也不见，我才意识到，它真的结束了。

我拿出手机，迫切地等待一个成功的好消息，终于，大红屏！我急不可耐地向朋友播报着发射成功的好消息。可下楼，回到房间，紧接着，我又感到一阵平静和空虚。就这样成功了吗？数十个小时的等待和守望，换来的，却是 3 分钟的欢呼和绽放。我打开社交媒体，一遍又一遍地回放着发射的瞬间，一幅又一幅地回望着发射的剪影，跟随着镜头，再次望向天边，望向那湛蓝的天空里。人类所有的渺小与伟大，似乎都在这个离太空最近的海滨小镇里，得到了释放。当火箭腾空而起，飞向太空，当助推器的顶端漾起激波锥，当分离时天边闪耀起科罗廖夫十字，我似乎看见了人类最伟大的浪漫，我们的星球不过是一粒孤独的尘埃，笼罩在伟大的宇宙黑暗之中。我们默默无闻，沉浸在无尽的浩瀚中。我们竭尽全力想要探索宇宙，重八百多吨的箭体，托举起尖端那一点点的载荷，不断加速，加速，加速，艰难地逃离地心引力。因为我们知道，我们纤毫如尘埃，除了我们自己，没有谁能拯救我们。

“日月之行，若出其中；星汉灿烂，若出其里。”

和我们一同观看发射的，有许多是我们的同龄人。他们很多都是高中、大学生模样，他们同我们一样，抱着对中国航天的无限热忱，对太空的好奇与渴望，不远万里，来到文昌，穷山距海不能限。他们如数家珍地列举着胖五的各个参数，他们为航天的成功与失败同样付出着自己的笑与泪。他们，也是未来的托举者，他们，也是和我们一起“追火箭的人”。

飞行 100 万公里，天问一号传回了它的第一张地月合影。画面中，地球和月球就这样孤独守望着。而人，就这样“寄蜉蝣于天地，渺沧海之一粟”，寄居在这小小星球里。也许，在别人的眼里，我们也成为那弯弯的“月牙”了。

“在广袤的空间和无垠的时间里，能与你共享同一颗行星和同一段时光，是我的荣幸。”

地球是人类的摇篮，但是人类不能永远生活在摇篮里，开始他将小心翼翼地穿出大气层，然后便去征服太阳系。你看——“新的转机和闪闪星斗，正在缀满没有遮拦的天空，那是五千年的象形文字，那是未来人们凝视的眼睛”。

国之魂者，立国之本

王璇琳

2020 年注定是不平凡的一年，肺炎疫情全球肆虐，防汛抗洪形势严峻。2020 年是具有里程碑意义的一年，全面建成小康社会，实现百年奋斗目标。2020 年，注定困难重重考验不断，多难才能兴邦，大的变革往往都会经历磨难。上下五千年，中国精神作为中华民族的魂，为我们攻坚克难提供了强大的精神力量。过去，我们不曾倒下；今天，我们依然可以战胜困难，上交一份完美的答卷。

忆往昔

邓小平曾说过，从鸦片战争以来，中国被世界轻视、欺辱，1949 年中华人民共和国成立，中国才改变了形象，逐渐被世界所认可接受。 是的，从 19 世纪 40 年代鸦片战争以来，中国便饱受各国列强欺侮。14 年艰苦卓绝的斗争，中国人民同仇敌忾，打败日本侵略者，才一步步换来了中华人民共和国的成立，才有了今日之辉煌中国。从饱受欺凌到万众瞩目，在这过程中，无数仁人志士为了国家的强盛在不懈奋斗着，诠释着何为不可撼动的中国精神。

1921 年 7 月 23 日，碧波荡漾的嘉兴南湖上，诞生了中国共产党，从彼时的几十位发展到今日的 9 000 多万名共产党员，足见其震撼人心的力量。也正是这支队伍，带领着中国一步步走出困境、走向富强。“同志们，为了新中国前进！”19 岁的董存瑞壮烈牺牲在炮火中，邱少云牺牲在 391 高地的熊熊烈焰里……他们大多数人甚至没有留下姓名，但他们那一次次为中华民族奋不顾身的冲锋，都已化作永不磨灭的“中国精神”，代代传承，永垂不朽。钱学森冲破层层阻力返回祖国，为中国的航天事业做出了不可磨灭的贡献。“我把全部的力量运在手掌，贴在上面，寄予爱和一切希望……”戴望舒如此深情的话语，写出了无数中国人心中的感想——为了永恒的中国！

忆往昔，还有太多太多鲜活生动的例子，无一不是为了那个可爱的祖国去奋斗、去拼搏，在祖国最危难的时刻挺身而出，对祖国的热忱都化作满腔的热血和实际的行动，播撒在这 960 万平方公里的辽阔土地上，诠释着伟大的中国精神。

看今朝

神舟 11 号、国产航母、大飞机……一个个大国重器的亮相震惊世界；大兴安岭的密林、库布奇沙漠造林……彰显对绿色矢志不渝的追求；精准扶贫、人类命运共同体……中国提供精彩方案；物联网、量子通信……站在科技前沿。当今的中国，在各个方面都大放异彩，取得了惊人的突破。

这一切光鲜的背后，是数不尽的先驱者、开拓者用汗水和泪水甚至是生命换来的，而支撑着国人和民族走下去的不竭动力，便是——中国精神。新冠病毒肆虐，空军军医大学第一附属医院的 29 位医务人员在请战书上写下“若有战、召必至、战必胜”，那一枚枚红手印下的是中国精神。洪水面前，没有人是孤岛，无数官兵站在抗洪抢险最前线，以生命为赌注同洪水抗战。无论是感人肺腑的家国大义，还是默默无闻的无私奉献，都为当今社会的一次次进步贡献了属于自己的那一份力量。仁义礼智信，中国精神便融入每个平凡人发自内心的真善美里。

展未来

习近平总书记在十九大报告中曾对当代青年深切寄语，看青年一代，则看到民族的未来，青年一代的前途命运关乎民族的前途命运。可见，我辈青年的成长对国家发展和民族未来有着至关重要的作用。

面对充满挑战的未来，青年一代也当担起重任，用自身行动去诠释中国精神。当下，美国粗暴干涉中国内政，香港局势动荡，中国学者在国际上仍遭受不公平对待，诸多高端核心领域的瓶颈仍未突破……中国在取得突飞猛进的同时，仍有许多困难与挑战亟待解决，而这一切，都需要当代青年的努力。

梁任公百年前曾对我少年寄予深切热爱和期望："前途似锦，来日方长。"我辈青年也定当不负重托，昂首挺胸、奋力向前，去迎接每一个明天。"心有大我，至诚报国"，唯有将"小我"融入"大我"，以自身去实践"中国精神"才能更好地实现人生理想，国家和民族的未来才能更加光明、更加绚丽多彩。

"乔木亭亭倚盖苍，栉风沐雨自担当"，2020 年注定会谱写壮丽的时代篇章。无论是坚守抗洪第一线的战士，还是穿梭在大街小巷的外卖小哥；无论是做出突出贡献的感动中国人物，还是用小小善举温暖人心的平凡人……这些人都为祖国和社会的发展贡献着自己的微薄力量。青年人将中国精神铭记在心并付诸行动，弘扬中国之伟大精神，最终定会化为中国之磅礴力量。

聚沙成塔的爱国之道
——浅谈“爱国”与“爱人”

李木然

我们中国人都有一颗爱国之心。单纯地问每一个中国人，他们大多数都会说自己“爱国”。但是，当我们谈起因何而爱国时，我们往往会直接从“大国重器”、从“国”入手。我们会直接谈到中国经济实力、军事力量的强大等，并为之自豪，成为爱国情感的源泉。

这一点本是毫无疑义的，爱国之情本就容易由国家的繁荣昌盛而生发。但是，如果我们只把“国”当成爱国的对象，将宏大的中国当作唯一的爱国感情生发点，那么，我认为，爱国之道的顺序便发生了改变和倒逆。

何以见得？“国”是宏大的集体概念，如果我们首先把“爱”的情感投注到她身上，便仿佛是先站在了金字塔塔尖，而再向下倒逆进行“建筑”时，便不可避免地会产生各种各样的问题。就像那些为了使《流浪地球》排名上升而恶意给其他外国科幻片刷低分的“爱国”者，他们只关注了高层概念的“中国”和“外国”，而忽略了低一级的“科幻电影”的概念。又如那些大义凛然地抵制丰田、怒斥苹果的“爱国”者，他们也只站在了宏大的国家角度，而根本没有细究更小的“公司”概念的复杂性。

因而，爱国之道，亦如大自然的一切基本规律，应是“不积跬步无以至千里，不积小流无以成江海”，应是聚沙成塔式的。而这一粒粒沙，便是组成国家的一粒粒沙——人。所以，爱国理应以爱人为先。

这里“爱人”中的“爱”，具体来说应是一种“善”。它首先是一种态度，善待他人观点与看法的态度。观点的本质就是多样的，面对他人对事物不同的观点与看法，除了一些偏激的，我们都应以多角度的视角来看待和评论，并在这种交流的过程中促进观点的统一与融合，而不是在交流的过程中一上来就以“爱国”为标靶，将某些观点全盘否定。“国家”从来都不应该是一些人发泄私人情绪、表达个人看法的“挡箭牌”。我们应当善待所有中华儿女有理有据的看法，在互异观点的碰撞中了解、学习，而非单纯以大讲“爱国”作为免死金牌，任意批判。

其次，善更指“善举”。不为国家的一小片土地、一些人做一些力所能及的事，又怎能直言“爱她”？我们更应该从行动上做起，它不必一定是宏伟的大事——帮一帮身边的老人，他们都曾为国家做出过自己的贡献；做一些志愿活动，帮助自己社区更好地运转……事虽小，但这些都是“爱人”的举动，都是为国家尽了一己之力的举动，都是增进了我们与同胞、与中国情感交融的行动。更多地做这样的善举，更少地敲打键盘和手机，国家与我们的感情才能被维系得更紧密。

总而言之，爱国情感不是能够快速获得的，更不应该被随意利用，而是需要聚沙成塔式的发展。由“爱人”做起，以“爱人”为基础，“爱国”才会更加理性和深沉。

胸中有丘壑，无畏战与争
——浅谈我对于中印摩擦的几点感悟

于舒凡

中国和印度，是亚洲的两个人口大国，但自2020年春天起，两国就开始闹不愉快：4月份，印度边防部队突然开始在边境修建各种设施，不仅如此，5月6日，印度边防部队还越过中方控制线进入中国领土构建工程设施，阻拦中方边防部队的正常巡逻，试图在边境地区搞事情，单方面改变边境的管控现状。印度的一系列举动，引起了我国的高度关注，两国也先后多次为此举行了会晤。应该说，中印双方的边境问题一直是焦点问题，但像2020年这样的边境摩擦，尤其是6月15日，中印双方更是发生了相对激烈的冲突，却是近年来不多见的。风声雨声读书声，声声入耳；国事家事天下事，事事关心。作为北京理工大学的一名学生，在学好日常功课的同时，也应关注国际国内形势变化。从中印边境摩擦，我想到了以下三点：

文明的崛起和文明的困境

中国和印度，同处亚洲，彼此为邻，又同为人口大国、发展中国家，两国有着两千多年的友好交往史。在古代，佛教在印度诞生，经汉传和藏传两路深入中国，扎根中土，与本土的儒和道合称为中国哲学的三大支柱。唐代的玄奘西天取经，一路向西，在取回佛经的同时，也传播了中华文化。在近代史上，两国都有被西方列强侵略和殖民的惨痛经历。但两个国家毕竟是不同的。中国自秦朝统一以来，千年以降，虽合久必分，分久必合，但中国作为一个独立主权存在的时期占据历史的大半。中华文明以强大的包容性持续发展，绵延至今。而印度，在历史上一直是分裂的时期多，统一的时期少，只是在少数时间，或者有限的空间内实现过统一。从公元前6世纪到12世纪，印度文明一直散落在南亚次大陆林立的小国之中。此外，印度的民族构成是极为复杂的，暂且不论作为外来者的雅利安人，即便是印度本地人，也有几十个民族。并且在这些民族中，只有所谓种姓的高低，并没有占据绝对优势地位的民族。中国和印度在20世纪中叶先后实现了民族自立，成为独立的国家，但历史遗留下来的边界模糊、达赖喇嘛等问题，以及现实政治中联合国入常、国家战略对冲等的不同利益问题，使两国难以建立战略互信。

我们要有战争的准备，也要有止戈的魄力

古语有言:“兵者国之大事，死生之地，存亡之道，不可不察也。”不论是过去还是当今，强大的军事组织一直都是一个国家得以兴盛和发展的坚实保障。没有一支强有力的军事组织，社会的长治久安便无从谈起，民族也很难得到长足的进步与发展。习近平总书记为建设一支“听党指挥，能打胜仗，作风优良”的人民军队，提出了一系列强军目标和指导思想。明确了党对军队的绝对领导是人民军队建军之本、强军之魂；明确改革是强军的必由之路；明确了创新在提升军队战斗力中的关键性作用；并创造性地提出了军民融合发展是兴国之举、强军之策。这些思想理论有着丰富而深刻的思想内涵，也引导我国在强军兴军中取得了初步成就，经受住了时间的考验。自4月份开始的印度单方挑衅，我们都看在眼里。在6月15日中印“加勒万河谷冲突事件”中，印度士兵落荒而逃。印度也开始了大举向边境派兵、快速采购大

量军火装备等举措。但中国毕竟不再是以前积贫积弱的中国。面对印度如此大举增兵，中国自然也会积极应对，做好防范。打得一拳开，省得百拳来。我们有强大的军事能力做后备，肯定不会打响第一枪，但在习近平强军思想的指导下，中国的军队不怕打仗，也一定能打硬仗，必打胜仗。

人人喊打的中国制造，到底是个啥

随着中印边境冲突升级，印度境内反华情绪一度尘嚣甚上。在一段印度境内民众的辱华视频中，几个粗犷的男人把中国产的液晶电视机从阳台摔下。楼下围观的人一哄而上，冲到电视机上进行疯狂踩踏，甚至有人掏出了铁棍，对准电视机就是一顿猛敲乱砸。意外的是，被摔完了又砸，还承担着五六个人的重量的电视机竟然没烂。这摔电视机的极端举动，反倒给中国制造打了免费广告。

印度在与中国冲突的同时，还与巴基斯坦和尼泊尔发生冲突，这也给印度造成了很大的压力。除此之外，印度国内持续发酵的疫情、困顿萎靡的经济、大范围罢工的兵工厂、缺水断粮的大城市、遮天蔽日的蝗虫，都让印度面临着十分严峻的内忧外患。而中国则是在中国共产党强大的领导下，取得了对抗新冠疫情的初步胜利。目前，国内正在恢复正常的生产生活，经济持续快速好转。调研机构 Canalys 发布的数据显示，2019 年第四季度智能手机小米在印度出货量 1 120 万台，占比 29%，稳居第一。中国品牌 Vivo，OPPO 及其子品牌 Realme，合计共占印度 71% 的市场。6 月 15 日，OnePlus8 Pro 在印度发售，秒空。由此可见，印度对中国的抵制只能一时爽：你可以不喜欢中国，但你离不开中国制造。

结语

唐朝初期诗人骆宾王在《在狱咏蝉》中曾给后人留下著名的诗句：“露

重飞难进，风多响易沉。”的确，在群情激昂的氛围中，理性的声音有时候会显得非常低弱。但是，从大国战略角度看，中国和印度作为两个崛起中的发展中国家，一定有战胜冲突的能力和勇气。6月30日，中印边防部队举行了第三轮军长级会谈。双方坦率、深入地交换意见，并初步达成了和解。也有人开玩笑表示，印度边防士兵在高原上练习瑜伽，洁净的空气和美丽的环境让印度士兵悟透了生命的真谛，不愿冲突，想要和平，这应该是两个大国人民共同的心声吧。

疫情当头，你我有责
——在与新冠斗争的当今与未来，我能为祖国做些什么？

于舒凡

新冠疫情自2020年年初集中爆发以来，截至5月20日，全球已累计确诊病例490余万，累计死亡人数超过32万人。面对疫情，有人恐慌，有人勇敢，有人忘我，有人贪婪。相关专家纷纷表示，新冠病毒将与人类长期共存，抗击疫情也许将会成为一种常态化。那么，在与新冠疫情斗争的当今与未来，我能为国家做些什么呢？

在我的苦苦思索中，第73届世界卫生大会视频会议于北京时间5月18日晚开始举行。中国国家主席习近平在开幕式上发表题为《团结合作战胜疫情，共同构建人类卫生健康共同体》的致辞。习近平主席直面全球抗疫的一系列紧迫和长远问题，从构建人类卫生健康共同体的高度，提出六项建议，宣布五大举措，为国际社会团结合作战胜疫情指明了方向，也明确了我的答案。今年以来，为抗击疫情，我国人民在中国共产党的领导下，团结一致，心往一处想，劲往一处使，在短时间内迅速控制了疫情。身为北理工人，我在努力不给国家添麻烦的前提下，要努力做到以下三点，为祖国贡献自己的绵薄之力。

团结合作，贯彻始终坚定文化自信

习近平主席在致辞中讲历史、讲现实、讲未来，深刻指出“病毒没有国界，疫病不分种族”，指明“各国人民合作抗疫是人间正道”，体现出中国在这次全球战疫中的正确历史观、大局观和角色观。中华民族发展五千年来，从春秋战国时期的百家争鸣到盛唐时期的诗词歌赋，从孔孟二圣奠定儒家基石到明代王阳明知行合一理论的不断完善，从远古时期的尧舜明君到晚清洋务运动的革新图变，中华民族以海纳百川的胸襟创造了辉煌的历史。自鸦片战争开始，西方依仗坚船利炮打开了古老中国的大门，中国人一直以仰视的姿态看待西方文明。改革开放后，中国日渐融入世界经济，在世界经济日益一体化的大背景下，西方所谓的制度优势、民主优势一度甚嚣其上。一百多年前，严复在《论世变之亟》中对中西文明做出比较。“中国最重三纲，而西人首明平等；中国亲亲，而西人尚贤；中国以孝治天下，而西人以公治天下……”应该说，中华文明是与西方文明并立的两种文明，没有绝对的优劣，只有是否适合中国国情。十八大以来，习近平总书记在多个场合提到文化自信。我们有博大精深的优秀传统文化，它能增强做中国人的骨气和底气，是我们最深厚的文化软实力，是我们文化发展的母体，积淀着中华民族最深沉的精神追求。在历史发展的今天，我们的传统文化更是保证我们前进的不竭动力源泉，为抗击新冠疫情，我们严格执行党中央的各项决定，自春节开始一个多月的居家自主隔离，有效阻断了病毒的传播途径。因此，我们一定要树立正确的民族信仰，不盲目崇拜西方文明，将中华传统文明发扬光大。

忠诚担当，在潜心向学中锤炼自身品质

习近平主席在致辞中再次介绍了疫情爆发以来中国同国际社会携手合作抗疫的实际行动——中方始终本着公开、透明、负责任的态度，及时向世卫组织及相关国家通报疫情信息，第一时间发布病毒基因序列等信息，尽己所

能为有需要的国家提供了大量支持和帮助。为推进全球抗疫合作，习近平主席郑重宣布了五项举措。这些举措针对的都是当前和今后时间内全球抗疫的重点和难点，体现出中国作为一个负责任大国的担当。北京理工大学，一所诞生在抗日战争时期的红色大学，忠诚担当是学校一贯秉持的原则。我们新一代北理工人诞生在新世纪、成长于祖国蓬勃发展的新时期。我们没有历经祖辈抗战的艰辛和硝烟，没有经历父辈改革初期的迷茫和彷徨，我们享受着新中国飞速发展带来的便捷，但我们不能坐享胜利的果实。中国改革开放进入新时期，改革攻坚遇到了前所未有的阻力，国际环境日渐艰难，国内经济转型压力沉重，这都要求我们有义务、有责任用丰富的知识武装自己，在健康成长、不断充实、日益完善中讲好自己的故事，传播中国好声音。今日之中国，业已成为经济全球化与全球体系的参与者、贡献者、改革者，中国的改革富有时代担当、全球使命，我辈青年应主动承担起这份重任。

勤奋努力，用科学知识回馈伟大祖国

针对国际社会关心的一些热点和关键问题，习近平主席在致辞中明确表示:“继续支持各国科学家们开展病毒源头和传播途径的全球科学研究”，“中国支持在全球疫情得到控制之后，全面评估全球应对疫情工作，总结经验，弥补不足”，强调“这项工作需要科学专业的态度，需要世卫组织主导，坚持客观公正原则”。应该说，在这场疫情的防控斗争中，构筑科学、严密的防控体系与机制至关重要。在这场新冠疫情的抗击战中，我们坚持以人民为中心，调集全国最优秀的医生、最先进的设备、最急需的资源，全力以赴投入疫病预防与救治，最大限度提高了检测率、治愈率，最大限度降低了感染率、病亡率。也正是因为我们坚持中国共产党的集中统一领导，统筹运用综合国力，联控、群防群治，开展了全方位的人力组织战、物资保障战、科技攻坚战、资源调配战，我们才能取得抗击新冠疫情的初步胜利。

作为北理工一名大一的新生，入学近一年，在校时间虽然只有短短的四个月，但这是不同于初高中时期的全新生活。完备的课程设置，睿智的教授讲师，无穷的未知领域，这一切都像完美的星空牢牢地吸引着我的注意，让我为之不懈努力。国庆阅兵队中，有北理工提供的技术支撑；各种抗险救灾中，有北理工研发的先进设施；中国载人航天工程首次空间交会对接中，北理工研发的微波雷达信号处理机与微波应答机信号处理机为“神舟八号”与“天宫一号”精准对接提供了有力保障；近期北理工研制成功的两台昆虫雷达已部署于中哈边境沿线，为草地贪夜蛾等重大迁飞害虫入境提供第一手监测信息，把好空中国门关。北理工的这些成就都激励我们以科学的知识武装自己，以严谨的治学用于实践，将来更好地报效国家。

英国著名哲学家罗素曾经说过：“对爱情的渴望，对知识的追求，对人类苦难不可遏制的同情心，这三种简单而又强烈的感情支配了我的一生。”在我看来，对中华民族崛起的使命认同，对知识的无尽追求，对自我的严格要求，是当下作为一名北理工人最需要努力做到的。

疫情下的“新闻防控”指南

李木然

眼下，新型冠状病毒肺炎疫情是人们最关心、最注意的头等大事。为了做好防护，我们从身体、心理上都做好了充足的防护，为的就是使自己的正常生活不受其侵害。

然而，如今我们宅在家的时间越来越多，拿起手机随便进入一个网页，就会不知不觉地被其中琳琅满目的各色新闻所吸引。在新冠灾难下，不幸与感动同时出现，乐观与悲伤一并感染着我们。面对这如此庞杂的新闻和成倍增长的宅家看新闻的时间，我认为，我们也得做好充足的防控措施，做好“新闻防控”。接下来，我想主要谈谈我所说的“新闻防控”的要点。

理性思考、独立思考

面对扑面而来的各色新闻，我们一定要有理性地独立思考的能力。我想主要从两点谈谈如何做好这一思考。首先，面对重大新闻，如那些有关疫情的信息、国家的应对政策等，我们应当做好“不信谣、不传谣”的基本准则，将官方、国家部门的信息发布通道作为唯一可靠的信息来源，不轻信其他平台所发布的信息新闻，更不要随意转发非官方平台的一些重大信息，将谣言扼杀在摇篮里。

其次，面对不明来源的新闻时，我们一定要冷静、理性地看待。最基本的就是不要把现实生活中的情绪情感代入对新闻的评论之中。再高层次而言，就是要学会在看新闻时过过脑子，通过查资料等方式，先独立判断一下新闻的真伪虚实，再进行理性的评论。

换位思考

古人有云:“己所不欲，勿施于人。”由于这次疫情首先在我们国家爆发，而我国又是最快、最高效地控制住疫情的国家之一。因此，在浏览他国防控新闻时，便不免有了看热闹的旁观者之感。在看过某些不良媒体对我国防疫的抹黑之后，我们应该更加了解到意识形态、国情等引起的各国防疫的巨大差距。国家设立防控政策的程序不同、对于经济与防疫如何权衡的看法不同以及国家政体、人民根本意识形态的不同都会导致各国防疫效率参差不齐、防疫措施千奇百怪乃至使我们难以理解。面对这样的情况，与其简单地指控某国防疫不力，不如先尝试“换位思考”，对该国基本体制与我们国家有何不同有一个大致的了解，对当地人民的想法有一个认识。如此之后，我们或许就能够对一些国家的防控方针有所理解，而不至于只是逞一时口舌之快。

冷静，冷静，冷静

值此全球防疫较为混乱的局势之下，又由于我国防控措施的高效和成功，一些国内外不法分子便利用某些新闻对我们国家的群众进行煽动。他们有些故意污蔑我国的防控措施，企图制造不满；还有一些以防控的成功为由，极力夸大我们国家的实力，认为中国要“独步全球”。我们理应看清这两种面孔，同时，切莫让网络上被煽动的情绪影响到现实生活。在网络上的“重拳出击”或许会侥幸躲过一劫，但在现实中，这样的举动则一定会带来法律的制裁！简言之，保持清醒和冷静，划清网络与现实的界限，在网络和现实中都应保持理智的头脑。

在此全球紧急防疫的重大关头，我们关注各类新闻本无错。但是，在做好充分准备防范新冠的同时，你也最好戴上“思考”、穿上“冷静”后再浏览新闻，以此做好自己的“新闻防控”！

破读万卷，是以人文涵养深沉

《弗兰肯斯坦》
——对科技与人类命运的思考

朱元博

这些电影桥段你一定并不陌生:《复仇者联盟 2》中钢铁侠发明出的具有自我意识、超强学习能力的人工智能机器人“奥创”，带领机器人大军横扫地球，无往而不利;《终结者》中“天网”在拥有独立意识后，对创造它的人类展开血腥屠杀，人机大战如火如荼;《黑客帝国》里年轻黑客尼奥偶然发现看似正常的世界，实际上是由一个名为“矩阵”的人工智能系统控制的，而这一切正是由于当年人类对自己所创造出的人工智能毫无戒备，才惨遭反噬。

这类电影无一例外地表现出了人类对于自己所创造出的事物的担忧与怀疑，以及对自身滥用科技的行为的审视与思考，但这种具有科技哲学意味的思潮却并非近来才有，要追溯其滥觞，还得从 1818 年说起。

1818 年可谓世界科幻小说元年，这一年，雪莱（没错，就是那位写出《致云雀》的大诗人）的妻子玛丽·雪莱发表了世界上第一部真正意义上的科幻小说——《弗兰肯斯坦》。

故事大致是这样的：生物学家弗兰肯斯坦痴迷于对生命起源的研究，他试图征服死亡、获得永生，于是开始了一系列的疯狂实验，他出没于藏尸间、墓地，尝试用不同尸体的各个部分拼凑成一个完整的人体，终于在一个风雨交加的夜晚，他使那具身体睁开了眼睛，但当那个丑陋的巨人微笑着冲他走来时，他却吓得魂飞魄散，他抛弃了他所创造的生命。巨人在流浪的过程中逐渐有了自我意识，他渴望得到人类的关爱与友谊，但却被视为恶魔。被世人所遗弃的巨人逐渐产生了对人类，尤其是对他的创造者——弗兰肯斯坦的怨恨，他先后杀害了弗兰肯斯坦的弟弟、妹妹、妻子及挚友，弗兰肯斯坦的一切被自己所创造出来的巨人全部毁了。他为了报仇，一路追逐巨人来到了北冰洋，最终因体力不支而死，巨人看到他死后，无限的仇恨转化成了无尽的悲哀，在北冰洋上自焚而死。

弗兰肯斯坦的故事并不复杂，从不同的角度看，我们可以解读出许多东西。

这本书出版之时，西方社会正在经历深刻的历史变革，英、法等国相继完成了工业革命，科学技术文明空前发达，天文、地理、物理等学科取得了巨大突破，经过科学理性洗礼的广大民众普遍盲从科学，并对科技改变世界抱有极大幻想，他们迷信科学是一件法力无边的法宝，能够解决世间一切问题，他们相信理性是世间的一切，却不知不觉地摒弃了感性。

在这样的背景下，玛丽·雪莱利用这本小说，提出了一个科技哲学的问题，即人类不断地发展科学技术，会不会被科技反咬一口？推动人类社会飞速发展的科技会不会同时将人类引向毁灭的深渊？

这是对人类科技发展的一种反思与拷问。

弗兰肯斯坦利用远超时代的科学创造了一个“生命”，打破了自然法则的平衡，然而他却没有能力控制自己创造的生命，最终遭到了惩罚。正如普罗米修斯从众神那里偷来火种帮助人类，人类在得到火种之后迅速崛起，在世界上独大，这使得原本处于微妙平衡的自然界成为人类的掌中之物，人类也因此摆脱了神的控制，神明愤怒了，普罗米修斯因为违背了规则而受到惩罚。

科技进步带给人们诸多便利的同时也酿成了许多悲剧，带来了不少困惑。智能手机的普及改变了人们的生活方式，但随之而来的却是人们对手机的过度依赖、视力损伤；互联网的兴盛打破了时空的壁垒，但却使人们的隐私荡然无存，思想被爆炸的信息裹挟。转基因食品的安全性能否保障？AI技术的发展会不会招致“人机大战”？对外太空的探索会不会使地球暴露在黑暗森林之中？科学在无止境地进步，人类究竟该如何权衡？

其实《弗兰肯斯坦》在提出这一问题的同时，已经给了我们答案。细细想来，我们无论如何都无法将罪恶归咎于科技本身，科技从来都不是悲剧的创造者，人类才是。

科技一向是冰冷的，但人性却可以选择拥有的温度。

巨人在被创造之初便惨遭遗弃，他不知道自己从何而来，不知道自己是谁，他像孩子一样渴望得到幸福与关爱，渴望融入人类社会，和人类成为朋友。他暗中学习人类语言，为了得到人们的认可，他悄悄帮助农夫劳动，还救了一个落水的小孩。但由于外貌丑陋，他屡次被人类伤害、抛弃，他感到悲痛、失望，进而产生了对人类的仇恨，他亲手毁了弗兰肯斯坦的人生。

可以见得，巨人并非生而为魔，他的内心本无仇恨，是他的主人制造生命却不懂教化培养使他流浪，是人们的偏见与恶意唤醒了他恶的一面，将他变成了一个嗜杀成性的恶魔。如果最初他能够被世人温柔对待，也就不会黑化，不会成为行走在人间的撒旦。这一切，不正是冰冷的人性所造成的吗？

同样的，面对如今一日千里的科技爆炸，人们只有时刻保有温暖的人性，不因技术的优势而对世间万物居高临下，不被傲慢与偏见裹挟头脑，保持理性，在使用科技的同时摒弃人性的卑劣，在运用技术的同时秉持伦理道德，才不会被自己所创造出的科技吞噬。

没有邪恶的科学，只有邪恶的人性，人类需要在伦理道德的规范指引下，使用科学，发展科学。

《玛蒂尔达》观影感受

徐知越

父亲是无良的二手车贩卖商，母亲是爱财如命的赌棍，小玛蒂尔达作为这个家庭的第二个孩子，不同于她纨绔又愚钝的哥哥，竟是世间罕有的天才，在电影的夸张叙事下，她甚至是个“超能力”的拥有者。

玛蒂尔达嗜书如命，身高不及书桌时，便已开始阅读家中的杂志书籍。很快，这些知识就不再能满足玛蒂尔达天才的头脑，她开始避开一直阻挠她阅读学习的父母的视线，只身探索起图书馆，孤独地徜徉在知识的海洋。沉浸式的阅读，让玛蒂尔达暂时脱离了家庭环境给她带来的困扰。是文字与知识的力量，让这个系着红色头绳的小女孩在一定程度上摆脱了原生家庭的恶劣影响，筑造了善良、勇敢的人格。

一次偶然的机会，玛蒂尔达被父亲送到了她梦寐以求的学校，这所杂草丛生，潮湿阴暗的学校，可以说是小玛蒂尔达改变自己人生的地方。康琴小学的孩子们，仿佛都是校长特拉其布尔女士的眼中钉，一旦触及其神经，便会受到噩梦般的“洗礼”，并且往往是身体与心理双重的。这位曾是运动员的身材健硕、长相骇人的校长，让玛蒂尔达反感、恐惧。但与此同时，天才小少女收获了待她如亲人般的班主任哈尼小姐的关爱。哈尼老师的温柔与理解，激发了玛蒂尔达的勇气与超能力，她帮助哈尼小姐解除了心结，使特拉其布尔“逃离”了校长的职务，而最为重要的是，玛蒂尔达运用所学知识，让自己从法律意义上成为哈尼小姐的养女，脱离了原生家庭的阴影，为自己的生活带来了新的阳光。

影片的一些情节同大家熟知的《哈利·波特》有异曲同工之妙，通过魔法，或者说超现实的能力，主人公都在做惩恶扬善之事，追求一个理想化的现实世界。虽说我们可能终究无法否认我们是“麻瓜”的事实，但我们依旧有途径来提升自我，并美化这个世界。

玛蒂尔达的原生家庭有各种让人唾弃的理由，但小姑娘并未遭受这样的家人的影响，而是以书为友，甚至把书看作自己的家人，用知识打磨自己尚未完成的价值观。阅读，从来都不只是为了趣味，更重要的，是用知识铸造出一个完整的“人”。

除了知识，让玛蒂尔达得到最终的幸福的，还有小姑娘不凡的勇气，不管是面对无知又无礼的父亲，还是暴力成瘾的特拉其布尔校长，玛蒂尔达都敢于反对，敢于坚守内心对于善恶对错的衡量。可以这样说，勇气是成功实践的前提，而成功实践又是将思想化为现实的前提。在敢于挑战“错”与“恶”的同时，我们也挑战了自我。若将一个人比作矿藏，那么勇气带来的实践便是朝向矿藏更深处的挖掘，一次又一次的挖掘，我们收获的，或许将不只是无穷无尽的煤炭与铁矿，细看，或许还有金银在其间闪烁。

电影虽情节、色调浮夸且充斥着喜剧色彩，但以孩子的视角观察世界，竟是如此透彻，如清泉见底。

《隐秘的角落》
——不要让内心的阳光被阴霾遮蔽

王文璁

《隐秘的角落》这部剧被称赞为中国悬疑剧的又一佳作。在这部剧中每一个好人都有自己的罪恶，为维护自己的利益或情感而撒谎；每一个坏人都有善良的一面，不顾一切地保护自己所珍惜的人。它把人最真实的一面展现在观众眼前，引起观众强烈的共鸣。

为罪恶“开门”

张东升是一位少年宫奥数班老师，但在家中岳父岳母看不起他，妻子想要和他离婚。即使这样他选择了隐忍，把岳父岳母当作自己的亲生父母，可是还是没能挽回局面。张东升在与岳父岳母爬山拍照时，趁机将其推下山崖，制造成意外死亡。朱朝阳是一位父母离异但在班级成绩优异的学生，他在班里没有什么朋友，并且还经常受到欺负，父亲再婚后对自己也变得冷淡，妹妹也排挤他。一天普普和严良逃出福利院来向以前父亲的朋友借钱救治普普的弟弟。借钱无果，又没有居住的地方，就去旧时玩伴朱朝阳家借宿，并打算去山上拍照留念，却刚好记录到了张东升犯罪的一幕。原本打算报警的三人，因为害怕又被送到福利院里，就挂断了报警电话，计划写一封警告信给杀人犯，希望他能够好好做人。经过寻找，三人终于找到张东升，了解到他在少年宫工作，朱朝阳以上奥数试听课为由将警告信放在试卷里。本以为事情就这样结束了，突然一个小女孩从五楼坠楼身亡，她正好就是朱朝阳父亲再婚后的女儿，是朱朝阳和普普与其在争执过程中不慎失足跌落。

陷入旋涡

张东升收到警告信后，找到朱朝阳他们，并达成协议，用 30 万换回自己的犯罪证据。此时的他本以为妻子因为失去父母便会与自己一起生活下去，可却在无意间发现了妻子背叛了他，并且要和他离婚。张东升再一次燃起怒火，把妻子的药偷换成降血糖剂，让妻子在游泳的过程中因休克而溺亡，又一次制造了一起意外事故。痛失女儿的朱朝阳父亲和其妻子王瑶，开始怀疑那天同样在少年宫的朱朝阳。在此期间，朱朝阳不仅被父亲怀疑，还被王瑶的弟弟威胁，甚至被绑架到水产厂。张东升跟着朱朝阳希望能够拿回自己的犯罪证据和钱，却被王瑶的弟弟发现以为是朱朝阳的同伙，在打斗中被张东升杀死。而赶来救朱朝阳的父亲和王瑶，也被早已失去理智的张东升杀害。在最后一次朱朝阳和张东升交易时，朱朝阳想为死去的父亲报仇，幸好被严良拦住，最终张东升被赶来的警察击毙。此后朱朝阳回归到了正常的生活，严良与普普也回到了福利院。

“选择相信童话还是现实”

《隐秘的角落》让我们不禁反思以爱的名义去犯罪是否正确。张东升因为不想失去自己的爱人与尊严，选择杀害了自己的岳父岳母。三个孩子因为不想失去普普的弟弟，选择与杀人犯进行交易。在这个世界上，生活有太多不尽如人意的地方，我们每个人都不可能独善其身，每个人都会犯错，在自己的内心中都有隐藏的角落。在选择去相信童话和现实时，既要明白现实的残酷而与之做出反抗与斗争，又要去选择相信童话中的美好与光明。

近年来此类型的影视作品开始进入观众的视角，《少年的你》中刘北山把罪责扛到自己一个人身上去换取陈念的未来，《误杀》中李维杰用蒙太奇的手法去躲避法律来保护自己家人。但他们的结局都还是去承认自己的错误，接受自己本该应有的惩罚。《隐秘的角落》最后普普留给朱朝阳的信上说：“我不会把这件事告诉任何人，但是我还是希望你有一天能够去将事实的真相说出来，这才是真正的重新开始。”

爱的光明

我们总以为爱就是不顾一切地去保护自己珍惜的人或事，甚至用爱的名义去掩盖自己的罪恶。爱是每个人内心中的一丝光明，他不可能将所有地方都照亮，但却是我们作为一个人的理性与正义。当我们去用黑暗来保护这一丝光明时，我们实际上却用阴霾遮蔽了它。希望我们每个人今后都能正确面对现实，不要让阴霾遮蔽了自己内心的光明，不要让罪恶吞噬了自己纯真的爱。

编制自己的算法，做信息时代的刺猬

——读《未来简史》有感

于舒凡

1

前些年，尤瓦尔·赫拉利的《未来简史》特别火。书中提到一个观点：在未来世界里，只有 1% 的人掌握算法，而其他 99% 的人只能提供数据，沦为毫无用处的人。

如果这个判断是正确的，算法将这个时代的人分成两种。一种人崇尚随机应变，玩好玩的，看有趣的，追时尚的，赶潮流的。在这种模式驱动下，他们的角色是吃瓜群众，在欲望被极大满足的同时，生命也被别人的算法切得粉碎。他们对世界的最大贡献，就是在别人算法的不断迭代下产出大量的数据。

还有一种人，他们有自己的算法，接受自己编制的算法的刚性约束，与自己和外界持续有效合作，不断产出优质信用资产，最终成为自己所在区域的资深专家。

2

既然掌握算法有这么多好处，那么什么是算法呢?

一般来说，算法（Algorithm）是指解题方案的准确而完整的描述，是一系列解决问题的清晰指令。算法代表着用系统的方法描述解决问题的策略和机制。如果根据这个定义，那么你只要不是程序员，就会有很大概率活成那 99% 的人。但是最近，在“得到”App 里面吴伯凡老师《认知方法论》的一节课里，我听到了另外一个思路。它重新定义了“算法”这个词。

按照他的解释，所谓的编制算法，就是预先设定一套程序，然后遵照执行。因此，只要符合以下三个特点的程序就是算法：第一，底层中立。就是说，它对所有人都是一个态度，没有倾向性。当你启动了一个算法，其实就是放弃了对行动的主观控制权，主动受算法控制。第二，潜在无头脑。就是说，一旦定下程序，就不再受意外和临时情况的干扰。这一点可以保证算法的确定性。第三，结果有保障。就是说，不管执行它的是计算机还是动物，抑或是人，只要知道你的算法，就一定能够预期你未来的行动或者结果。

能够用这三点编制自己算法的人，无论他是定期写点东西，还是严格约束自己的日程表，只要他能长期坚持做一件事，不管他会不会编程，他本质上都是一名算法工程师。

3

如何建立自己的算法？方法就是，找到自己的兴趣，与自身才干相匹配，并且结合社会需求。这三点的交接处，就是自己算法的基础。我们不妨看看这个时代成功的公司和个人，他们都在自己制定的算法下执着坚持。

桥水基金是当今资产规模最大的对冲基金。基金的创始人瑞·达里奥在基金创始之初就明确要求，公司最重要的目标是追求卓越、准确无误和持续改进。因此，在每个项目结束之后，瑞·达里奥都会带领他的团队做一次彻底的 Post-mortem。从对项目的各个细节入手，每个人都充分发表自己的意见和建议，通过这种思想的碰撞，对项目进行复盘回顾，从而寻找改良空间。这个持之以恒的原则也保证了公司的持续卓越。

《平凡的世界》是茅盾文学奖皇冠上的明珠，作者路遥在写作时，花了整整六年时间。前三年，他一直在做资料的搜集与提炼。为了让作品更真实反映当时的生活场景，他找来近十年的《人民日报》，逐张翻阅，从中提炼有价值的背景素材。翻到后来，手指上的毛细血管都暴露出来，只好改用后掌翻阅。正是这样的执着和坚持，成就了旷世佳作，路遥也因此获得了这个世界上数以亿计的读者的尊敬与崇拜。

4

说到这里，我们再来看一下这个时代的真相：这是一个与算法博弈的时代，每个人都有平等的获胜机会。是随波逐流，还是坚持不懈？是成为别人算法下的数据，还是做能够掌握他人数据的算法的人？这是我们这代人面临的选择。而观察这个时代成功的公司和个人，也能够发现，每一个人与组织都可以根据自己的情况编制一套算法和外界对抗。这也印证了一个道理：成功 = 正确的方向 + 坚持。

这个公式，让我联想到西方寓言故事里的两种动物：狐狸和刺猬。古希腊诗人阿基诺库斯流传下来的一句残诗中这样写道：“狐狸千伎百俩而有尽，刺猬凭一技之长而无穷。”通俗地说，就是刺猬只知道一件事：以不变应万变，将看家本领操练到炉火纯青的地步。而狐狸知道很多事：以万变应万变，随时调整自我，以求最大化适应环境的变化，但这种变化是有限的。

应该说，这两种人格各有利弊，狐狸型人格注重环境变化，刺猬型人格专注于开发自我。我个人觉得，在资讯传播成本低、速度快的信息时代里，我们很容易沦为一只随波逐流的“狐狸”。而我更希望自己能做一只总是“笨笨”地坚持着的“刺猬”。

成为自己的算法工程师，门槛很低，我们每个人都能做到。但是坚持下来很难，鲜有人能做到。我选择做坚持的刺猬，是对自己的残酷，也相信定会成功，因为这正是这个时代的光明之处。

不凡，平凡中的坚守
——读《平凡的世界》有感

李欣萍

“我们习惯了被王者震撼，却忘记了最终都归于平凡。”

再读《平凡的世界》，除了那些熟悉的在时代浪潮中奋斗的故事，最令我动容的，还是孙家少安、少平两兄弟在平凡的世界中追逐不凡人生的历程。

少安与少平只是那代农村青年中平凡的两个，生长于黄土高原，是无数时代新潮的缩影。哥哥少安 13 岁便辍学挑起家庭的重担，继承父亲面朝黄土背朝天的农民事业；弟弟少平高中毕业返乡后不甘于禁锢于黄土之中，选择独自到城市闯荡，寻找自己的归属。

然而，他们在平凡的世界里，在平凡的外表下，却有着不凡的甚至是波涛汹涌的内心世界，在时代浪潮中取得了了不起的成就：

少安 18 岁凭借着“精明强悍和不怕吃苦的精神”被推选为生产队长，成为双水村的“能人”；土地责任制实行后，他号召分组种田，并在村里盖起了烧砖窑，在多次亏本与失败后，少安终于成功致富——而他最后做的，是为双水村盖了一座学校，帮孩子们实现他未曾实现的读书梦。

少平则从书中看到了丰富的世界，拥有了更广阔的眼界——他深切地认识到了自身条件的限制和他内心所追求的差距，尽管内心充满着矛盾和痛苦，但他坚信“如果你知道往哪里去，全世界都会为你让步”。教书的初中班解散后他去了黄原城揽工，随后独自来到异地的煤矿当矿工，最后凭自己努力成为矿工组长。纵使道路一直荆棘丛生，但他从不向命运低头。最后他拒绝了脱离苦难的矿工生活，拒绝了留在县城的机会，毅然回到了矿区，回到惠英身边，完成了平凡而伟大的蜕变。

平凡的世界中，有这样一句话：“只要春天不死，就有迎春的花朵年年开放。”在苦难面前，少安、少平从来不会丧失希望，而是会用他们可以战胜一切的吃苦精神打败它。然而他们的吃苦精神源于他们对向往生活的执着追求。对于少安，无论是在肮脏的牛棚中拼尽全力和病牛做斗争，还是农闲进县城拉砖时住破窑吃烂菜，都是以让全家人过更好生活的追求为支撑。对于少平，无论是初次打工时溃烂的脊背，还是挖煤时连续几个小时在黑暗中的体力劳动，都是以在外扎根、磨炼自我的追求为支撑。或许在一些所谓不凡者的眼中这样平凡朴素的追求不算是理想，但对于少安、少平而言，正是这样的追求支撑他们在平凡中打破平庸。

理想的光芒不在于它本身远大与否，而在于我们追求理想的过程中总是充满力量。当我们有理想的时候，苦难只会把我们磨砺得更加坚强；而当我们没有理想作为支撑的时候，总是会轻言放弃。在平凡的世界里，或许不是每一个人都可以摆脱平凡，但每个人都应该打破平庸。在大学这样一个充满无限可能的地方，我们不仅要脚踏实地，还要不时仰望星空，仰望梦想，在平凡的世界里寻找不凡的色彩，用理想的力量打破平庸，成就不凡人生。

从《陈情令》品味国风之美

姜雨竹

2019年《陈情令》入围全球50大电视剧，成为首部入围该榜单的国产电视剧。《陈情令》走出国门，在泰国、日本上映，也大获好评。影视作品该如何传播中国文化？让我们走进《陈情令》，品味其中的国风之美。

五大世家：各有所美

姑苏蓝氏：剧中设定，蓝氏地处姑苏，居于姑苏城外一深山，名为“云深不知处”。蓝氏所据之地“姑苏”正是现在的苏州，有“人间天堂”的美称。而居处名称“云深不知处”也有迹可循，出自唐代贾岛《寻隐者不遇》中“只在此山中，云深不知处”。光是“姑苏”和“云深不知处”两个地点名称就已经在观众心里定下了蓝氏的基调：风雅。水榭园林，飞瀑石阶，白衣负琴，以上的画面仅仅借助两个地名就展现在了观众眼前。

蓝氏以“雅正”为家训，与姑苏的基调和谐一致，剧中介绍“蓝氏崇教，开宗明义，明本，辨问，极言，勤求，此四则，为诸子戒”。其中“明本，辨问，极言，勤求”是出自东晋葛洪的《抱朴子》一书的各篇卷首名。

蓝氏的一大特征是弟子们均佩戴抹额，意为“归束自我”。其实抹额不是蓝氏独有，在中国，抹额已经有了千年的历史，历经了从只是男性佩戴、武士专用到男女老幼皆可佩戴，从普通服饰到彰显身份财力的过程。抹额在文学作品中比较常见，在《红楼梦》中就出现过它的身影。例如对贾宝玉的衣着描写：“头上戴着束发嵌宝紫金冠，齐眉勒着二龙抢珠金抹额。”此外，还值得一提的是姑苏蓝氏家族的图腾“卷云纹”，卷云纹是汉族传统装饰纹样之一，寓意“高升如意”，卷云纹作为一种符号，散漫中不失秩序，与蓝氏家训不谋而合。

云梦江氏：剧中设定，江氏地处云梦，所居府邸名为“莲花坞”。“云梦”一地，现在一般指云梦县，隶属湖北省孝感市。云梦多湖，莲花坞依湖而建，民风奔放，不拘小节。

江氏家训：“明知不可为而为之”，来自孔子《论语·宪问》：“知其不可为而为之”，在张岱《四书遇》中也有类似的描述：“不知不可为而为之，愚人也；知其不可为而不为，贤人也；知其不可为而为之，圣人也。”明知不容易的事偏要去做，江氏家训中所体现的与命运抗争的精神与其地处云梦有着莫大联系，体现了“一方水土养一方人”。

江氏以九瓣莲花纹为家族图腾，此细节在剧中场景布置中可见。前文说到，云梦多水，而莲和藕就成了云梦象征，关于“莲”，古往今来，无数文人雅士已经赞美过太多，最常见的“出淤泥而不染”又与江氏家训互相呼应，环环相扣，可见其用心。

兰陵金氏：剧中对金氏的设定，有两点可深入了解：一是金氏家纹“金星雪浪”，二是金氏之人以朱砂点额之意。

金星雪浪是牡丹的一种，而众所周知，牡丹是富贵之花，以此为家族图腾，说明了兰陵金氏在五大世家中的地位。

朱砂点额，寓意“启智明志，朱光耀世”，再次突出金氏之人的贵气与傲慢。

剩下的岐山温氏和清河聂氏，没有特别突出的特征，在此省略不谈。

国风音乐：声入人心

《陈情令》国风音乐专辑由中国顶级音乐家、制作人林海老师操刀制作，从编曲到歌词，每一部分都体现中国的传统美学。以主题曲《无羁》歌词为例，“红尘中，毁誉得失如何去量，萧萧血热刀锋凉”，“煮一壶生死悲欢祭少年郎，明月依旧何来怅惘，不若坦坦荡荡历遍风和浪，天涯一曲共悠扬。”每句歌词都贴合故事中的人物情怀，有着中国仙侠中的潇洒，恩怨情仇在唱调中娓娓道来，瞬间就把观众带入了《陈情令》所塑造的这个世界。

在配乐中，大量采用古琴和笛子，古琴在中国有超过三千年的历史，笛子也是中国传统乐器中最具有民族特色的乐器，一个音色沉闷，一个悠扬，两者交织。比如纯音乐《醉梦》，笛音与琴声相互迎合，先是把一个开阔的云梦莲花坞的景象带给听众，然后写尽人物的前世今生，苦尽甘来，有尘埃落定的怅惘，也有失而复得的欣喜。每一首背景音乐响起，都让观众走入不同的情节，让人不得不感叹此中音乐给人带来的强大共鸣。

人物情怀：少年侠气

主角之一魏无羡，少时失去双亲成为孤儿，被云梦江氏家主收养，此人颇有天赋，在一众世家子弟中出类拔萃。“天生一副笑像”的他少时流亡，莲花坞被血洗，失去金丹后被扔进乱葬岗，失去至亲……但他仍然坚守着江氏家训“明知不可为而为之”，不忘当初许下“锄坚扶弱，无愧于心”的誓言。魏无羡的一腔热血和少年侠气并没有因为他所遭受的磨难和不公而发生改变，携一笛子“陈情”，他不改少年热血，锄奸扶弱。他传递给我们当代青少年的是不计得失、一往无前的勇敢与担当，也是历尽千难、不忘初心的那份善良。

另一主角蓝湛，自小失去母亲，蓝氏严格的家训更是使他沉默寡言，严于律己。他也曾许下“锄奸扶弱，无愧于心”的誓言，携一古琴“忘机”，斩妖除魔，世人评价他“有匪君子，照世如珠，景行含光，纷乱必出”，所以他又被世人尊称一声“含光君”。从他身上，我看到的是“未知全貌，不予置评”的自我约束，是心怀天下、逢乱必出的家国天下的情怀。

除上述所述，其实《陈情令》中体现的国风之美还有很多，比如剧中人物的名、字，人物服饰……每处都是匠心制造书写的国风之美，有待观众自己去挖掘。

陈情一曲，曲终人不散。在我看来，不散的更应该是《陈情令》中向我们传递出的少年侠气、家国天下的价值观，不散的更应该是传统中国文化之美……让我们期待以后能有更多这样书写国风之美的作品出现，走出国门，传播中国优秀的文化！

大观园里的天才们

梁卜元

每一个不曾起舞的日子，都是对生命的辜负。当天才跳起舞来，世界都愿意为之倾倒。

《红楼梦》里的天才们也有闪耀的高光时刻，让人一见就羡煞双眼之余，又猛拍大腿叹意料不到，在我浅薄的《红楼梦》读感里，天才有她们三位：

撕扇的晴雯，艺术天才

晴雯撕扇，那画面应该挺美的，她在曲径通幽处找到了艺术的王冠。这是想象力和创造力的双重巅峰，在后来有无数效仿者，但大抵都撕得不纯粹、不浪漫、不好看。后辈受到了这代表浪漫主义的晴雯前辈的指点，为了撕扇而撕扇，甚至有东施效颦之嫌。在古代有“裂帛博取美人笑”的周幽王，他对褒姒无疑是满心赤诚，但这种撕法沾着奢靡的腐味，杂着男女的暧昧气氛，让这种“行为艺术”在闪光的路途上绊了脚。

可晴雯撕扇就另有一番趣味：晴雯先是一不小心跌折了扇子，被年少略有点轻狂的宝玉一不小心训了一句。之后，宝玉安抚“心比天高”的晴雯，说道:“那扇子原是扇的，你要撕着玩也可以使得，只是不可生气时拿他出气。

就如杯盘，原是盛东西的，你喜听那一声响，就故意的碎了也可以使得，只是别在生气时拿他出气。这就是爱物了。”至此，天才的枷锁被打破，伴随着“嗤”的一声响，艺术天才诞生了。

说撕就撕，另辟蹊径，实在出人意料。同时这一举动可以观赏，却不可亵玩，是“另有雅趣”的，是小清新版本的暴力美学，还散发着天才的狮子般的威力。

如果说黛玉的文艺是内化于心的素养，那么晴雯的行为艺术好比心中的火山爆发，自由而狂烈。梦想着成为宝玉未来的姨娘的袭人不会撕扇，她从不向更辽阔的天空张望。同样在宝玉的庇护下肆意生长的芳官不会撕扇，她不会理解撕扇对于人的价值在哪里。只有晴雯，宣扬着人性自由而高贵的旗帜，桀骜的习性永远不向命运察言观色，不服就撕，我愿意。

美好都有相伴相生的代价——那些散落在地的破扇何去何从，不归属于羡慕闪闪发光的“艺术天才”的范畴内。被道德蒙住双眼的人，是不会欣赏这样的‘肆意妄为’的，更看不见这背后的自由和美。

巧上位的小红，行动天才

天才有独属于自己的世界，所以从不在意他人刻意的目光。作为行动派天才的小红，也为大观园增添了别样的风光。

借用电影《肖申克的救赎》中的一句台词：“有些鸟儿是注定不会被关在笼子里的，因为它们的每一片羽毛都闪耀着自由的光辉。”

为小红作传，一定也会说出类似的话。小红初次登场，是趁着宝玉身边没人伺候，上前去倒茶水，这时的小红还没有显露她天才的翅膀。如果环境顺利，同事接纳，再有凤姐做担保，想必小红也可以一步登天。可是小红终究离了怡红院，来到王熙凤身边，从此没有了出场机会。

小红慧眼识珠，见到了勤快的贾芸，就果敢地行动：眉眼传情、遗帕拾帕、闺密穿线，一系列的操作让我们不得不叹为观止，原来小红就是青春偶像剧的鼻祖。人生如戏，全靠演技，与其相信命运阴差阳错，我更相信是小红抓住了流沙般易逝的机遇，扼住了命运的咽喉。小红在听到王熙凤找人差使的时候，麻溜地跑到凤姐跟前，一番话语不卑不亢、得体得当，两丸延年神验万全丹，彰显得她轻快爽利，颇有杜拉拉式的干练。

尼采说："人的精神有三种境界：骆驼、狮子和婴儿。第一境界骆驼，忍辱负重，被动地听命于别人或命运的安排；第二境界狮子，把被动变成主动，由'你应该'到'我要'，一切由我主动争取，主动负起人生责任；第三境界婴儿，这是一种'我是'的状态，活在当下，享受现在的一切。"行动力，是区分天才与俗人的一堵墙。贾府里有许多人从出生那天起就按着命运的轨迹安心度日，花开花落，人生不过是流逝的沙。这样的生活安稳舒适，可行动天才们不走寻常路，他们敢想敢做，世界会因他们而绚丽多彩，他们也因此成就了非凡人生。小红用她充满着魄力、智慧的行动，在一定程度上升华了她的人生。

小红在某种程度上做到了"自为"，她改变了自己的境遇。我想，我知道我的生活只有一颗巧克力，我没有太多的机会去浪费，所以只有出发、行动，找到我的归宿。我默默祈福这样的行动天才，都能在今后的生活里大放异彩。

难以描摹的黛玉，文艺天才

黛玉像是清风，花谢花飞飞满天，半卷湘帘半掩门，一阵温柔地游走的风，应该怎样体会她的孤独？黛玉像火，"我为的是我的心！"她本是草木之人，生性孤独而自由，却在大观园里充满热情地生活。黛玉像花，如花美眷，似水流年，随花飞到天尽头，何处有香丘？黛玉的模样最难描摹，她像是倾国倾城的天上仙子，也像是最常见到的多愁善感的诗人才女。

脂评写道："吾实不知黛玉心中是何丘壑。"独属于黛玉的天才文艺，确实不容易被世人理解与接纳。

懂事之前，情动以后，那时宝黛第一次谈起宝钗。一直有着"既有木石前盟，何来金玉良缘"的心结的黛玉，神伤着自己孤独飘零的命运。宝玉用亲疏之分来安慰黛玉，却遭到林黛玉啐道：“我难道为叫你疏他？我成了个什么人了呢！我为的是我的心。”宝玉道：“我也为的是我的心。难道你就知你的心，不知我的心不成？”在黛玉看来，二人的关系应该是遵从己心、自然而然，而不受亲疏、关系、环境等其他方面影响，只要是心灵契合、精神共鸣，就是知己，就可以将真情交付于他。

黛玉用心灵看这个世界，对喜欢的人，会真诚相待；对不喜欢的人，从不虚与委蛇。面对善意提醒的宝钗，黛玉可以放下戒备，从此认宝钗作知心姐姐；心直口快的史湘云笑戏子仿佛林妹妹，黛玉也不会因为这点小事就扫了二人的好兴致；黛玉爱讲笑话，堪称团体中的开心果，但她既公正又个性化的幽默，源于她的内心接纳了这个爱护自己的团体。

文艺应该是深藏在心底的感悟，一言一行都是在奉行自己的内心观念，一举一动都绽放着文学素养的可爱动人。无须分析她文学在哪里、艺术在哪里，只要知道她的情感都是出自真心，就会发现世间再没有什么其他的比这再动人心弦。

于是，一切功利的、虚假的“文艺”在心灵的映照下无所遁形，内心发出的呐喊声将永垂不朽。

她只为了她的心。这样的人是可以成为文艺天才的，她像与朋友交心般问菊花“一样花开为底迟”；她看透了生命无常之时，会出自真心地感叹“花落人亡两不知”；她“半卷湘帘半掩门”，即使是朦胧，也要坦率、明媚。

悲凉之雾，遍被华林，然呼吸而领会者，“独宝玉与黛玉二人”。尼采说：“你遭受了痛苦，你也不要向人诉说，以求同情，因为一个有独特性的人，连他的痛苦都是独特的，深刻的，不易被人了解。”宝黛二人却可以心照不宣地领会，尽管宝玉为黛玉葬花落泪，黛玉欣赏到残荷向死而生的美，但他们都共同爱着这美好的世间。黛玉为她的心，用赤诚的心灵敢为敢爱，宝玉为他的心，用温柔的心灵守护世界。二人灵魂碰撞、心灵相通，彼此进阶“神交”的精神境界。因为彼此用心坦率交流，彼此的心之壁可以打破，于是心心相印、惺惺相惜，今世仍然可以再续木石前盟，永远是你知我知的花与使者。

宝玉在这些天才的旁边极尽温柔。他给了她们心灵的慰藉，让人性可以在世间洪流中稍微释怀。宝玉补全了她们内心深处无所适从的迷惘，肯定了她们美好的存在，大观园里也因为这些美好的存在而阳光明媚、春机盎然。

“浮生若梦，若梦非梦。浮生何如？如梦之梦。”《红楼梦》中的温柔总是让人莫名难过，寂寞又让人无端满足。但我眼中的《红楼梦》，是一群天才在起舞翩翩。美好的、浪漫的，一切都请尽情地来，大观园里永远是春光明媚；青春的、可爱的，一切花朵都值得被温柔以待；遑论真，遑论假，我正在看着自己的内心，一切美好的梦都请长醉不醒。因为，梦就是一种愿望的达成。

《帝国的惆怅》
——感悟之“士”的演变

曹俊维

中国历史的演变离不开一群特殊的人，他们在云谲波诡的政治局势中施展自己的才华。历朝历代，总有权臣和奸臣，他们却不像这两类臣子，权倾一时，作为个体的他们只是历史洪流中的一朵不起眼的浪花，翻腾不了什么，但是作为集体的他们却是历朝历代不可忽视的政治力量。他们时而维护王朝的政治秩序，时而绑架王朝的政治命运；他们伴随着、推动着、裹挟着一个朝代从初创到鼎盛再到覆灭。他们就是——士。

这一切都要从他们最初的名字——士大夫说起。士大夫是中国历史前半部分很活跃的群体，在春秋战国之前，士大夫指的是那些做了官又有学识的人。从字面上来理解，士大夫是士与大夫的集合，拥有两者的特征。我们学习历史知道，先秦时期，在分封制的背景下，士是最低一级的贵族阶级，在这个时期，很多士人其实是无心于政治的。举一些例子，我们熟悉的孔子、曹刿等，他们是知识分子，有士人身上关心公共事务的特征，但是途径很多，并非一定要出来做官。比如他们可以四处游说当门客，可以著书立说，甚至可以招揽学生。

士人是什么时候改变的呢？是秦一统天下之后。是什么对士人改变最大？是士人这个群体的服务对象改变了。之前，士人可以跳槽，换老板，但是之后呢，家天下，你不服务于当今皇上，那你还有什么途径去过问天下事务？

秦以后的朝代其实有一个趋势，就是士人慢慢开始做官了，对政治的参与度越来越深。从汉代起，开始实行察举制，察举制的兴起，标志着士族阶层的兴起，之前士人是单独的，政治基础薄弱，由于士人的学识高，品德好，地方就推举他做官。慢慢地，他的家族就壮大起来，通过察举制度来发展自己，最后成为左右当朝的一支重大政治力量。东汉朝政可以说是一塌糊涂，不是宦官就是外戚专权，你方唱罢我登场，但是汉朝国祚仍然延续那么久，为什么呢？因为士族的存在，士族阶层受到当朝的恩惠，他们本身是维护这个统治的，不仅因为可以获得权力，更在于这个朝廷是他们施展才华、实现理想的舞台，所以在皇帝一塌糊涂的时候，士族阶层可以使国家机器长久运转。东汉末期，不少枭雄想复兴汉朝，这个时候士族阶层会全力支持，曹操和袁绍看似对立，其实在当时双方都是打着复兴汉室的旗号来换取那些世受国恩的士人的支持，所以两个集团都是人才济济，人才就是士人。曹操官渡之战胜利后，消灭了士族中威望很高的袁绍，却也失去了天下士子之心。曹丕上台后，意识到了他老爸的问题，直接采用九品中正制，以换取士族的支持。

历史继续向前发展，历任的皇帝逐渐意识到一个问题，士族力量太过于强大了，虽然维护了皇权，但是士族所形成的门阀集团会成为一个影响皇帝执政的利益群体，甚至左右政治。而且，士族的世袭本身也会降低官员的素质，让他们不思进取。所以，科举制应运而生。至此，中国历史发生了重大的改变，对士人来说原因很简单，你要实现理想，对不起，你只能读书。之前你可以通过贵族的分封，你可以通过士族的世袭，现在只有科举考试。再者，随着儒家思想的持续推进，以前士人不做官，可以去当隐士、当侠客。现在不会了，因为儒家讲究治国平天下，那士人只有做官，这就使得有知识有抱负的人和政治捆绑。这也就标志着，士人转为我们眼中的读书人了。科举的出现，使帝国的统治阶级可以和士人良性沟通，寒门的读书人可以参与国家政治，读书人由士人演变而来，很多自由精神都慢慢被儒家思想所替代。

因此科举之后，我们很少听到会有读书人出来不去做官来当隐士的。不过，苏东坡等读书人倒是在官场不如意的时候，称颂陶渊明，但是，他怎么不去真正效仿呢？因为他学不来。因为儒家思想对读书人的影响经过秦代到唐代几百年的沉淀，已经成为一种根深蒂固的东西。唐宋八大家，哪一个不是官员？宋代的读书人做得很好，因为苏东坡、欧阳修、王安石和司马光这些人都是读书和做官两不误。个人认为，这种读书人和政治的紧密结合使得宋代的文化空前繁荣，不亚于盛唐。

我们发现一个有趣的现象，中国历史上，很多朝代更迭都是由农民起义引起，作为帝国的精英阶层的士人——读书人们，如果想颠覆一个政权应该更简单吧？但是他们没有。其实，还是儒家思想所致，读书人有报国情结，他们不愿意颠覆自己的初衷。所以，开国者刘邦、刘秀、李渊、朱温、赵匡胤、朱元璋甚至努尔哈赤都不是读书人，都是农民阶级出来的。

当历史继续发展来到明代，我们发现，读书人在任上喜欢陈述时政利弊了。对于皇帝而言，读书人是为他的统治服务的。随着中央集权的进一步发展，我们知道，思想限制越来越严，皇权之下，岂容他人多嘴？再加上读书人认死理，他们认为我爱国，我忠君，我要直谏，所以抨击时政。可是，皇帝喜欢这样的人吗？这样的人在专制主义之下显得有些多余吧？所以，中国出现了文字狱。

当皇帝决定向读书人开刀，也就意味着王朝的倾覆。康熙作为当时异族的皇帝，当时表现出对汉文化的极大兴趣，这个其实多少有政治上拉拢读书人支持的意味在里面。但是，他的孙子乾隆大兴文字狱，不仅敲响了清朝的丧钟，也揭开了中国封建社会垮台的序幕。为什么？我们发现一个现象。宋明两朝灭亡之际，一直有读书人站出来，为国赴死，但是，清朝灭亡呢？没有。只有万马齐喑究可哀，读书人，一片沉默。甚至有一大批人觉醒，成为反清力量。事实上，清朝后期早就没有读书人的支持，或者说没有以前那么多的支持。举个例子，在对太平天国镇压过程中，清朝军队瓦解之快，令人咂舌。最后是湘军拯救危局，却没有什么足以安邦的良臣。

这里我们要跳出读书人的框架了，因为古代史接近尾声，读书人换模样了。这里举一个地区的例子。我们发现，近代中国救亡图存的那些名人，都出自传统意义上的欠发达地区。为什么呢？因为那些地方欠发达，所以文字狱的波及很小，他们那里的精神思想没有被禁锢，所以给中国留下了救亡图存的火种。湖南就是如此。陶澍、毛泽东、罗荣桓和彭德怀等，哪一个人不是叱咤风云的人物？我们发现，湖南人士渐渐挺起中华民族的脊梁，而这些人就是新生的读书人。封建社会将读书人培养起来，让他们辉煌一时，最后抹杀他们，同时也埋葬了自己。最后读书人精神不亡，脱胎换骨，而帝国不再，这就是所谓的帝国的惆怅吧？

以湖南人士为代表的中国读书人在近代登上历史舞台，那时他们“恰同学少年，风华正茂”，才会有“指点江山，挥斥方遒”，才会有“浪遏飞舟”的情怀。中国也才得以兴盛。无论历史怎么发展，我们作为新时代的读书人，肩负的是对国家的责任，就像先人们那样，这种读书人精神要延续下去。

点亮星空，请从熄灯做起

——浅谈对人与自然和谐相处的思考

陈诚

我们生活在同一片蓝天之下，热爱着同一片星空，有时不经意地关灯，也许就是对这片星空最好的礼物，不经意间的环保之举，就是对这个星球最好的回报。

——题记

“啪嗒”，宿舍的灯光熄了，我抬起头，望向窗外，依稀有着几点星光闪烁，凝视着眼前这片既熟悉又陌生的天空，我的思绪飘向了远方……

不知道从几时起，天空中的星光越来越稀疏模糊，往日“星月皎洁，明河在天”的璀璨场景仿若黄粱一梦，“星汉灿烂”的壮阔美景也被封存在厚厚的画册里，而这一切的矛头仿佛都要指向背后的罪魁祸首——人类。

是啊，近代以来，随着都市的发展和城市化进程的推进，人们的生活富足了，可眼前的一抹绿色却消失了。灯红酒绿的生活代替了原本“坐看牵牛织女星”的浪漫，物质的日益丰裕却是以牺牲环境为代价。当星光不再那么明亮，越来越多的物种最终走向了灭绝，倘若地球的黑夜不再有繁星闪烁，届时，人类又该何去何从呢？

这让我不禁联想到近年所发生的一切：澳大利亚熊熊大火燃烧了近四月，大陆之上火光遮天，血色密布，数以亿计的生灵尸横遍野；非洲蝗虫疯狂肆虐，从东非跨过红海，从印度飞到巴基斯坦，所过之处，没有任何措施能够抵挡，也没有一片庄稼能够幸免……起初，并没有人注意这些灾难。他们也许说，这只不过是一次大火，一场蝗灾，可直到这些灾难与每个人都息息相关，我们才发觉，仿佛这就是大自然对我们疯狂的报复。面对这些自然灾难，我们为何不放下手中朝向自然的枪口？毕竟从古至今，人类与大自然的命运始终都是紧密相连，枪响之后没有谁会是赢家。

于是，我想起了过去美好的日子，我怀念长江白豚在水中嬉戏，我幻想猞猁雪豹重回青藏高原，我希冀巴音布鲁克草原重新变绿……但现实的残酷却又刺痛着我的神经，我不愿感受温室效应，全球变暖；我不愿看见水土流失，土地荒化；我更不愿目睹臭氧空洞，地球惶恐……我唯一所愿的就是青山长留，绿水长流。

我开始祈祷人类能够认识自己的错误，回归到正确的道路。此刻，习近平总书记“绿水青山就是金山银山”的话语回荡在我的耳边。诚哉斯言，经济发展与自然环境并非是你死我活的关系，追求“天人合一”才是正道。正所谓“人法地，地法天，天法道，道法自然”。任何事物的发展都有其内在的规律，我们何不顺应自然，保护绿水青山，将其变为金山银山？我坚信，我们只要播种绿色，就能收获未来，熄灭灯光，就能点亮星空，点亮希望。

熄灭灯光，点亮星空，这绝非水中花镜中月。如果你最后一个离开教室，请随手熄灭教室的灯光；宿舍熄灯之后，请一定确认灯的开关是否关闭……除了熄灯，作为新时代大学生，我们更应从身边做起，从小事做起，从每一次环保做起，拾起校园角落里的垃圾，减少使用一次性餐具，出行步行或者骑上北理的“小蓝”……只有我们积极融入大自然，和大自然和谐相处，才能真正达到“天人合一”的境界。

点亮这片星空，请从熄灯做起，待到星月辉映之时，我们定能拜华星之坠几，约明月之浮槎！

独特的气质，高贵的灵魂

王璇琳

“你是一树一树的花开，是燕在梁间呢喃，——你是爱，是暖，是希望，你是人间的四月天。”最早接触林徽因女士的诗歌，便是这首朗朗上口、抑扬顿挫的《你是人间的四月天》。初为人母的喜悦在这首小诗中被完美地勾勒了出来，我想，这世间最柔情、最打动人心的莫过于这种流水般的爱了吧。近日，又拿出林徽因女士的书品读，觉得这“一代才女”的确名副其实。

独立自主的新时代女性

古人有句话说“女子无才便是德”，在很大程度上，古代的女子往往是男子的附属品。民国时期确实才女辈出，但像林徽因这样，摆脱时代束缚、完美诠释自己的却是少数。她是建筑师、是诗人、是作家，亦是一位贤惠的妻子、温柔的母亲。在林徽因身上，美貌和才华并存，气质温婉，而又独立大方。读林徽因女士的作品集，不得不惊叹于她字里行间流露出的执着、自信的锋芒，无一不体现了新时代女性独立的意识和坚强的品格。

爱情中的女子往往多愁善感、忧郁彷徨，而在林徽因的诗歌作品中，女主人公虽经历爱情上的失意和忧伤，但最终往往是以积极乐观的姿态展现在读者眼前。在她的诗歌中，女子再也不是被动的接受者，而是一个活出自我的独立形象。在诗歌《仍然》中这种独立的意识表现得淋漓尽致：你如湖水、冷涧般澄清，如花朵鲜妍、芳沁，又如书篇随风吹展，而我面对这般优秀的你，依然是“一片的沉静，永远守住我的灵魂”。这种主动的姿态是坚决的、执着的，更是令人赞叹和敬畏的。《别丢掉》中写道：“你仍然相信，山谷中留着，有那回音！”诗歌中所表现的，不再是那个时代一贯处于被动地位的女子，而是主动地、自信地追求自己的梦想，这种执着倔强而又略微有点儿任性的呼喊声着实令人佩服。

肩负家国大义的爱国战士

走出闺房，走出女子的爱情，便会发现，林徽因女士亦是一位以笔为矛的爱国战士。面对《除夕看花》中描绘的“月色已冻住，指着各处山头，河水更凌乱”的破碎的中国，作者则“关心的是马蹄平原上的辛苦”。国家支离破碎，人民苦不堪言，在这无比心痛的时刻，连灯笼都在“燃烧着点点血”的除夕夜，作者悲愤不已，却从未丧失对祖国和人民的信心。正如《哭三弟恒》中所说，“中国还要向前，黑夜在等天亮”。是的，她正满怀信心地期待着天亮的那一刻。“那不朽的中国的历史，还需要在世上永久”，这是一位知识女性的铿锵之言，是一位心系祖国的战斗者的肺腑之言，迎难而上，不畏艰难，是这位令人敬重的女性留给我们的誓言。

林徽因女士有着令人赞叹的美貌，有着女子身上的柔情，而在这温婉缠绵的背后，是一种关注革命、关心国家的独立女性形象，她可以化身柔情的春风，做一个知书达理的小女人，亦可以肩负家国大义，暴风雨似的为这个多灾多难的时代嘶吼出肺腑箴言。正如林徽因女士散文《彼此》最后所言：“有力的、坚韧的，横过历史”，这是一种文人的气节和家国大义。这时，她已不是我当初认识的“人间的四月天”，不是一个文文弱弱的柔情女子，而是一位肩负使命的勇猛战士。

正像费正清所说的："我欣赏林徽因，欣赏她的美丽清澈，欣赏她对学术的执着追求，更欣赏她对祖国的热忱，反抗侵略的精神，以及对人民大众疾苦深深的同情和关切。"林徽因作为民国时期的大家闺秀，淡泊明志，秀外慧中。面对清风明月，她泰然处之，有着空谷幽兰的本色；面对家国危亡，亦有巾帼不让须眉的勇气担当。欣赏和敬佩林徽因女士，不仅仅是因为"万古人间四月天"，更因为在她看似柔弱的肩膀上所表现出的担当。

扼住命运的咽喉，绝不向命运低头
——《你当像鸟飞往你的山》读后感

王璇琳

这是一个真实的故事，一个敢于向命运挑战的女孩的人生。这本书上市一周便登顶《纽约时报》畅销榜，至今仍高居排行榜前列，作者塔拉·韦斯特弗被《时代周刊》评为“年度影响力人物”。这是一本什么样的书，竟能有如此高的口碑？我想可能并不是那些荒诞的经历和各种闪耀的光芒，打动我们的恰恰是那些平凡而又复杂的勇气和真实。

合上这本厚厚的书，我依然久久不能平静，作者塔拉·韦斯特弗用自己的半生经历告诉我们：我们无法选择出身，但我们可以选择自己的人生。勇敢地打破枷锁涅槃重生，塔拉身上这种不妥协、不放弃、无论身处何地都勇敢做自己的坚定和执着，才是最让我们感动的地方。

挣扎

令人难以想象当今年代，塔拉的家庭却几乎处于与世隔绝的状态，深处大山，不问世事。塔拉出生在一个摩门教家庭里，父亲从小就告诉孩子们，大山以外的世界处处充满着危机。他们不去学校读书，也不去医院就医，更加荒唐的是他们的父亲坚信世界末日将会来临，不停地储存粮食。父亲以所谓的爱的名义束缚着、压迫着孩子们，这是一股强大而又可怕的力量，令人窒息却又难以挣脱。在这样的家庭环境下，塔拉看似一只温顺的小绵羊，但是她幼小的内心埋藏着一粒走出大山自由飞翔的种子。

塔拉 17 岁之前的生活，乏味而平淡，痛苦而挣扎，每天上演的都是昨天的故事。她写道："我见过哥哥捂着身体上割破、压烂、断裂或者烧伤的部位，大声号叫着从后门冲过来，种种场景历历在目。"我几乎无法想象她儿时所处的环境，是怎样的无情和不堪，17 岁的塔拉感到迷茫与无助，难道这就是父亲口中"一切都是上帝的安排"？塔拉在痛苦中思考挣扎，她要重新思考生活的意义！

战斗

困境中总会生出希望，命运似乎为塔拉打开了一扇通往大山外的门。塔拉的哥哥泰勒通过自学考上了大学，这让塔拉突然意识到，她可以选择自己想要的生活！泰勒不顾一切离家选择自己的路，告诉塔拉大山外面更美好的世界，塔拉就这样在哥哥的感染下，开始在逆境中仰望星空。她开始明白：每个人都应该像自由的鸟儿一样，勇敢地飞往真正属于自己的那座山。勇敢地靠近自己所追求的。塔拉做出一个改变一生的决定：走出大山，上学去！

逆风的方向，更适合飞翔，大山外的一切对塔拉来说都是如此的陌生，她显得是那么格格不入，与周围的一切都是如此不和谐。我们看似简单平常的事情，对塔拉来说可能是极其奢侈和困难的，来自家庭、社会的羁绊，漂泊在外的孤单和无助，都令她步履维艰。塔拉想过退缩想过放弃，想过回归大山，但内心深处有一个声音在召唤着她，无论前路多么艰难，她都要听从我心乘风而上。

无数个难眠的夜，无数次糟糕之后，塔拉经历重重困难与挣扎，接受了自己过去的无知，在内心那团熊熊火焰的指引下，塔拉在别人已经即将到达终点的时刻，奋起直追苦读奋斗，这不仅仅是一场同原生家庭和外界环境的战斗，更是一次打破枷锁超越自己的战斗。

重生

浴火重生，方得涅槃。她用 17 岁之后的十几年完成的是对 17 岁之前的救赎。

塔拉 2008 年获得杨百翰大学文学学士学位，2009 年获剑桥大学哲学硕士学位，2010 年获得奖金赴哈佛大学访学，2014 年又获剑桥大学历史学博士学位。比尔·盖茨曾坦言：我的自学能力在她面前不值一提。她以超乎常人的意志在这场艰难的旅行中探索求生，完成蜕变得到重生。可见，涅槃重生，需要的是勇敢打开新的大门的勇气，和之后坚持不懈的努力，也正是这个过程，让塔拉接受了不同的声音，也让她看到了与以往不同的世界。

在某一方面塔拉是不幸的，她无法选择出身也无法拥有一个快乐幸福的童年。另一方面，她又是幸运的，有哥哥的指引和自己坚韧顽强的毅力，完成了对自己的重塑。就像她在书的最后所写：

“你可以用很多说法称呼这个自我：转变，蜕变，虚伪，背叛。

“而我称之为：教育。”

我想，我们的一生总要经历很多磨难，但我们要有拥抱未来的勇气和信心，以及坚持不懈的努力。我们每个人其实都应像塔拉一样，扼住命运的咽喉，努力成为自己，勇敢地同艰难困苦战斗。告别过去失意的自己，逆风翱翔，乘风破浪。

愿我们像鸟儿一样，飞往属于自己的山。

关不住的是对生活的希望
——评电影《肖申克的救赎》

孔钱鑫

《圣经》创世纪中讲述了亚当和夏娃违抗了上帝的禁令，偷吃了伊甸园的苹果，虽然两人成为人类的创造者，但是也成为人类一切罪恶的根源。追本溯源，生而为人，就是一场自我忏悔与救赎的过程。

电影《肖申克的救赎》改编自斯蒂芬·金的同名小说，讲述了安迪因涉嫌谋杀妻子和亲人而锒铛入狱，被关押在一所名为肖申克的监狱里，在这个灰暗、充满暴力的监狱里，安迪慢慢摸索出了生存之道，认识了朋友瑞德。在这个希望与绝望并存的监狱里，安迪怀着对自由的渴望，最终逃离出监狱。而瑞德也在出狱后，找到安迪，重新开始生活。影片最后两个人一起生活在太平洋海边的小岛上，从此没有黑暗的监狱，只有每天冉冉升起的新的希望。

影片由瑞德的旁白叙述开始向观众娓娓道来，瑞德作为肖申克监狱中生活的一员，由他的回忆串联起故事情节，这种第三人称的叙事方式让观众既能迅速融入影片当中，又可以以旁观者的视角冷静清晰地观看剧情发展。瑞德作为第三人称叙事者，作为旁观的视角受到空间和时间限制，导演利用“加叙”的方式，也就是提供故事的额外信息，给观众带来了一些作为叙述者瑞德所不知道的情节和信息，这样的叙事方法可以扩展画面空间，有利于观众对影片的理解。

影片中当安迪刚刚进入监狱时，瑞德虽然饱受毒打但是依然觉得他和这里格格不入，这也表现出瑞德内心的坚持，虽然被困监狱但是仍然心怀希望。影片多次使用旁白来扩展叙述空间，其中有个情节是老布出狱，出狱后的老布虽然看似已经回归正常生活，但是却早已习惯监狱的生活，身心备受煎熬，最后决定以自杀来寻求解脱。身在监狱的安迪和瑞克无法得知外面的消息，通过老布寄回监狱的信件才知晓一切。这段情节由老布自己的旁白把自己出狱后的事情讲述给观众，让观众更加真实地了解人物内心状态，引发情感共鸣。

这部好莱坞经典影片遵循线性叙事的方式，主要围绕两条叙事线索展开，一条是以安迪在监狱里生活并且策划越狱为主线，另一条线则是对自己以及对狱友的自我救赎。同样在叙事结构上也遵循好莱坞经典叙事模式：起因——发展——高潮——结局。导演以简单的闪回式剪辑手法向观众交代了安迪入狱的原因，随后安迪便被关押在了肖申克，这也是故事的起因。随着监狱生活的开始，安迪由反抗、被欺负，逐渐变为被接受、被尊敬，但是安迪想要的远远没有这么简单。故事的高潮则是当瑞德发现安迪没有出现，再次来到安迪的屋子却发现壁画后面已经被安迪凿出一个秘密通道，出狱后的安迪在雨中狂奔释放内心的压抑。这样的经典叙事方式让观众随着主人公的遭遇心情跌宕起伏，产生情感上的认同。

对于电影艺术来说，也许各个国家的语言并不相同，但是影片的情感表达却超越语言，让观众能够直观地感受到。电影所传达出的希望与救赎是每个观影者都被深深打动的地方，在影片中原本压抑充满暴力的肖申克监狱，因为安迪的来到变得不一样，影片中当犯人们喝着通过安迪的知识得到的啤酒，在充满阳光的房顶上晒着太阳，仿佛自己从未在监狱中生活过。安迪来到图书馆后，坚持不断地写信，让肖申克图书馆变为一个充满艺术和知识的圣地，犯人们听着音乐看着书籍，得到了精神上的升华。安迪通过自己的坚持努力，救赎自己也救赎了狱中的同伴。

“这世上有一些地方不是用石头围起来的，在你内心深处，有一些东西是他们夺不走摸不到的，只属于你一个人的——希望。”安迪如是说。只要希望生生不息，光明便会长存于心，就像影片中的肖申克监狱。而事实上我们每个人都似乎处在这样的环境中，生活中的失意、肉体上的痛苦或者精神上的缺失，让我们陷入了麻木和顺从，从而被制度化。但是就算这样，只要内心希望不灭，不管眼前是荆棘还是险滩，终会有一天冲出阴霾，迎接光明。

观《夺冠》

杨嘉文

《夺冠》确实是一部主旋律电影，我也是在看到女排夺冠时哭得一塌糊涂。女排精神是一个非常庞大的精神故事，是中国少有的几代人的共同回忆，而这部《夺冠》也非常适合一家人一起观看。女排的故事实在太久远，给中国人民带来的精神鼓舞又深远，在观影前，我是既期待又害怕，陈可辛导演虽然身为中国香港电影人，却拍出了没有让大陆人失望的电影。

先来聊一聊优点：

导演构想宏大。这部影片的时间跨度很大，也一点点地表现出 30 多年来女排精神的传承与转化——从家国情怀转换到实现个人价值。20 世纪 80 年代的女排精神是一种为国家奉献牺牲的精神，每一个队员身上都肩负着中国人民在那样一个落后的年代，在国际社会上出人头地的一份期许，和胸口憋着的一口气。她们身上的担子，现在已经很难看到了，就算在某些科技领域中国人依然期望突破，但是不会像那个年代，全社会亟需民族自信的状态。到后期里约奥运会，郎平将打排球的意义变成了个人价值的实现，私以为欠点意思。个人的价值应该顺应时代的趋势。就像 2019 年的女排夺冠，她们的价值既是一枚厚重的金牌，也是国家、人民对他们的肯定与赞许，是时代给予了她们价值更大的肯定，所以在后期表达中淡化国家与个人的方法虽然可以理解，但是有点太淡了，让女排夺冠少了中国队重回巅峰的一种痛快。

巩俐在剧中的演技更是厉害！在电影中，巩俐与黄渤的演绎都是可圈可点的，但是两人给我的感觉却区别很大。对于黄渤的演技，确实很让人信服，他在诠释煽情戏份时力道恰好，台词功底也可见一斑。但是与巩俐相比，多了很大的戏剧性。巩俐的演技真正把我打动了，她演绎的郎平，就像是在钢铁上撒了一层沙，表面平淡，内核刚强。情绪的控制比释放难太多了，巩俐在片中几次的台词都让我叹服不已，是一种平淡但坚毅的感觉，四两拨千斤，看下来就是觉得，像，太像了！

陈可辛导演渲染情感的功力深厚。全片渲染的部分非常多，主要围绕训练与比赛展开的剧情，导演在渲染上毫不留情，几乎是从头到尾地渲染，比赛时候的紧张、胜利时的喜悦、中美战役后的落寞，都表达得很到位，很充实。再加上国人对中国女排自带的情感加成，更不用多说，眼泪都把口罩浸湿了。

再说缺点，和优点都是一一对应的：

过渡生硬，割裂感强。因为时代跨度非常大，想表达的故事也很多，所以在很多故事的转换间都是用字幕带过，让每一段故事结尾高涨的情感都没有好的落点，让观众猝不及防；每一段故事“起”得唐突，人物塑造的篇幅不够，让一些角色标签化，实在遗憾。不知道因为什么，是否是因为审核原因的删减，或是业界中规定电影必须控制时长。个人认为，电影时长不一定要限制在 2 个小时，《爱尔兰人》的导演就为了追求自己表达故事的完整性，作品时长达 3 个小时。如果真的下了决心想表现女排精神，那就不要吝惜笔墨，放开了去写，给角色更多的描写，清晰地描绘出人物心理的变化，尤其是后段新女排的心路历程描述过于草率，在前期压抑的描写到位后，后期破茧成蝶的描述却一笔带过，少了一些觉醒时刻的热血。

给演员的表现空间不大。虽然郎平是主角，但全片其实表现郎平多侧面的情节几乎没怎么有，过多的压抑与决心，少了她的笑，她质朴又略带尴尬的笑。反之给黄渤的戏份更多元，但是这个角色相对比较压抑，对剧情的推进功能比较小，导致边缘化的人物更丰满，但和主线没什么大关系。作为贯穿中国女排全程的角色，陪打教练真正见证了女排的兴衰，如果能多给一点他在落寞时期的彷徨和挣扎就更好了。

渲染得过多。开片情感推得太快了，还没有太多的感情铺垫，突然开始了热血与升华，情绪不是爬楼梯一点点上升，而是坐了弹射椅，或者是自由落体，还没做好准备，突然开始了热血，突然开始了落寞。就是渲染的程度太高了，而铺垫又没跟上，所以让情感无从安放，不过还好大家都知道剧情，还可以马上跟上，不然可是会看懵的。

最后再谈一些对电影的思考：我看完了也没觉得这是一个体育类的电影，更像是一部郎平的传记，既歌颂了女排精神，又表现了个人与国家的关系。

很多主旋律的影片评论都两极分化，我想知道为什么会这样，大家真的是觉得影片拍得不够好吗？改革开放后，随着经济的发展，国民个人意识逐渐觉醒，开始出现了对主流媒体宣传的一些质疑，外加改革开放后西方文化冲击，经常看到有攻击主旋律的声音。不过近年来国际形势变化，国内又卷起一阵爱国浪潮，从去年 3 部主旋律大片 70 亿 + 的票房就可以看出中国人民日益高涨的民族热情。那为什么最近的主旋律总是评论两极分化严重呢？单单就影视作品来说，我觉得观众讨厌的应该是一些滥用人民爱国主义情绪并以此达到盈利目的的无良奸商。当然，其中也有一些曾经被无脑的爱国主义者打压批判，现在站起来反抗的人。

但我们必须认识到一点，自由、希望、亲情、爱情是许多电影歌颂的美好主题，民族情怀与爱国主义又何尝不是一种美好的、值得歌颂的主题呢？为何用光影艺术描绘出来的就一定是一种“洗脑”？我们热爱自己的国家、自己的民族，用文艺作品来赞美顺理成章。文艺作品都会反映一个时代的思潮，而还有哪一个阶段比现阶段更加需要一部讲好家国故事的主旋律影片呢？

对于那些对片中渲染女排艰辛颇有微词的人、怀疑片中努力与回报之间因果关系的人，我想说：女排精神，就是这么传奇，不管你信不信，当年的五连冠就是靠着一腔热血一穷二白地打下来的，电影中渲染得再神奇也不为过。曾经的我们需要女排精神，是因为那是一个极度缺乏自信心的时代，女排精神为中国的经济、文化、科学发展带来了动力，“中国赢了”是多么难得的句子！后来的女排精神是在每个中国人平凡的生活中点燃斗志的一种信念，纵使强敌在前、经历沉浮，也会一点点爬回巅峰，就像中国人民一样！每一代女排都承担起了一个时代的信心，而她们的担当又激励着后来的女排传承与进步。女排精神又鼓舞着每一代青年，去开拓属于自己的时代。最后，引用一句电影中的话：“我不管别人需不需要女排精神，我需要！”

观《让子弹飞》有感

朱元博

《让子弹飞》这部电影上映距今有10年了，那时初看，只是被紧张跌宕的叙事、金句频出的台词、斗智斗勇的情节所吸引，看完只觉过瘾，最大的收获无外乎记住了几句精辟的台词，除此之外，一无所获。最近又仔细看了两遍，查了一些背景资料，结合时事，参考历史，我对这部电影产生了一些新的认识。

“我真的只吃了一碗凉粉”

这是电影中最让人揪心的情节了，六子为了向诬陷者自证清白，剖腹用碗接住凉粉，用生命的代价换取尊严，这情节便极具现实意义。现实中，网络上，“凉粉惨案”每天都在上演，多少无辜清白的人被无端的诬陷搞得身败名裂，被漫天的谣言害得家破人亡，而舆论看官们素有不求甚解的习惯，凡事主观臆断，不好深究，易被别有用心的人煽动，全靠一腔“热血”指点江山，全倚一副键盘激扬文字，乐此不疲地“造神”“灭神”，在虚拟的角斗场上快意恩仇，罔顾远处凄厉的哭声。有些人心理承受能力强些，能够无视谣言，以更加理性的方式对待流言蜚语，但更多的人，他们视尊严如生命，很容易感情用事，深陷其中，他们相信阴霾是掩不住真相的，他们决不妥协，不惜一切代价执拗地证明自己的清白，但是敌人在暗处，自证清白的反抗更加激起了施暴者的斗志，越反抗，越伤痕累累，最终，施暴者毫发无损，受害者元气大伤。

只要颠倒黑白的事情还在发生，只要无由而起的暴力仍在上演，只要围观路人依旧袖手冷漠，“凉粉惨案”就永不过时，足以为诫。

“我是想站着，还把钱赚了”

初来鹅城，师爷告诉县长规矩：“新官上任，得巧立名目，拉拢豪绅，缴税捐款。他们交了，才能让百姓跟着交钱。得钱之后，豪绅的钱如数奉还。百姓的钱三七分成。”三成是出力最多的人所得，而县长不费吹灰之力就能得到七成。

可见，跪着挣钱，如同火中取栗，这像极了半殖民地时期的中国政府，被外国人当枪使，依靠压榨人民、对内剥削来谋取利益，维持地位，得到利益后还要双手奉上。可历史规律是，政治权力与军事实力是经济权力等其他一切权力的基础，一个没有主权的国家，一个跪着的国家，只能任人宰割。

张牧之听罢，把枪和官印摔在桌子上，怒喝道：“我是想站着，还把钱赚了。”这便像极了中国那一批批革命志士，不屈于压迫，用生命的血性站立，以强者的姿态拔刀向压迫者，从侵略者身上拿回利益，而不是“拔刀向更弱者”，委曲求全，认贼作父。

这些片段让我对中国近代史有了更深的体会，一个民族，只有在精神上时刻保持站立姿态，才可能谋求伟大复兴，若遇些许挫折即跪倒在地，畏缩不前，终将走向灭亡，万劫不复。

至今方觉 1949 年天安门城楼上的那句“中国人民从此站起来了！”是何等的雄壮有力。

“谁赢，他们帮谁！”

张牧之在发动鹅城决战之时，骑马带领几个弟兄在街道上驰骋高呼，企图发动百姓起义，但三通鼓后，出来的却只有一群鹅，不见人影。左右问道：“他们怎么不出来？”张麻子意味深长地说：“谁赢，他们帮谁。”

人民群众的眼睛是雪亮的，伟大的人民力量是需要引导的。这里所提到的“赢”，不是一时的敌我强弱对比，而是在道义的正邪上，对时机的把握上，处在顺势还是逆势上的输赢较量，不拿出点实力与诚意来，百姓凭什么相信。口号不能当饭吃，但实力可以，即便鹅城百姓积怨再深，如果没有指引他们看到光明与希望，没有燃起的星星之火，没有唤醒他们真正的觉醒，早产的革命依旧会三日而夭，重蹈覆辙。张牧之正是清醒地认识到了这一点，于是果断杀掉黄四郎的替身，彻底打消了百姓的顾虑，成功唤醒了百姓的勇气，让他们觉得光明指日可待，于是百姓揭竿，杀豪绅，分土地，获自由，站了起来。

所以说，从古至今，是人民选择了政府，政府指引着人民。人民选择的是能带给他们希望的政府，而政府只有自身过硬，才能赢得百姓的信任。

理想主义永存

赶走黄四郎之后，弟兄们以“不轻松”为由纷纷离张牧之而去，不难想象，弟兄们都是凡人，他们拼了命地干，无非就是为了以后能够轻松一点，他们来鹅城又不是扶贫的，成功之后，之前的理想也就淹没在胜利的喜悦中了。

山里不愿去，鹅城不愿待，他们要去浦东、上海，马拉列车继续开，但车上的却已经不再是张麻子的弟兄了，天之涯，海之角，知交半零落，从此分道扬镳，成为路人。

斜阳外，铁道边，芳草碧连天，天上鹰在飞，地上张麻子骑马追。张麻子不禁失落地陷入沉思，辛辛苦苦几十年，天天高喊“不许跪”，搞得自己腿脚都不好使了，到头来连张椅子都没得坐，世人甚至不知道他的真名。

这一切，究竟为谁辛苦为谁忙？

但理想主义者是不会放弃的，哪怕再苦再累，年老蹒跚，哪怕到头来粉身碎骨，一无所有，哪怕历史将他遗忘，人们将他误解，他依旧会骑着白马，一路向前，追求他所谓的“公平”，至死方休。

历史终将记住他，他们终将记住他，他们就是我们。

以上，是我近日再次观看《让子弹飞》后得到的一些粗浅体会，影片叙事宏大，我难以把握全局，仅就几点印象最为深刻之处表达所想。观影中难免会有细节方面的遗漏，所思所想也难免流于表面，如有纰漏，请多指教。

归宿
——《海上钢琴师》影评

汪子超

《海上钢琴师》是意大利导演朱塞佩·托纳雷多执导的经典电影。实际上，它在西方并没有那么受欢迎，却在中国广受好评。2019 年 11 月，这部经典影片经过修复之后在国内上映。作为一个钢琴爱好者，我毫不犹豫前往电影院欣赏了这部经典之作。

影片讲述的，是一个钢琴天才的传奇一生。他出生在“弗吉尼亚号”豪华邮轮上，被他的父母遗弃在头等舱。船上的黑人水手丹尼收养了他，用他的出生年份，为他起名为 1900。只是后来，丹尼也不幸意外去世，1900 从此孤身一人。

1900 展现出了无与伦比的钢琴天赋，结识了好朋友马克思，影片正是以马克思的回忆展开的。1900 成为乐队的钢琴师，也曾因为对一个年轻女孩一见钟情，想过要下船追寻，也有自称爵士乐鼻祖的莫顿上船挑战他，却被他最终击败。他一直生活在弗吉尼亚号上，最终也随着弗吉尼亚号的爆破一起沉没。

也许这部影片并不像漫威的世界那样，有多少炫目的特效；剧情也没有太多的曲折，平淡安静得就像 1900 指尖流出的音符。但它却真正直击心灵，让人反思自己的浮躁和选择。

信息时代的我们，每天滑动着屏幕，在朋友圈看着自己那么多好友各色各样的人生。通信技术让我们突破了距离的障碍。1900 生活的那个时代，也已经有了电话，他却不曾离开过那艘轮船，也没有亲人朋友，孤独的他随意拨通电话，以近乎骚扰的方式，乞求着他人和自己聊一聊，却从未如愿以偿，依然沉浸在孤独之中。可今天的我们，在新技术的支持下，真的就不再孤独了吗？当我们度过或喜或悲的一天之后，将心情写在网络上，等待着朋友们的点赞和浏览，看似很热闹。可放下手机之后，一切似乎都不曾存在，又只剩下了我们自己。习惯了这样的生活，当独自远赴他乡求学的我们偶然停下脚步，是否也会想起，曾经的那些笑脸和岁月呢？

1900 的音乐似乎具有特殊的魔力，当马克思刚登船时，天气恶劣，晕船的他被 1900 邀请，坐在琴凳一侧，伴着 1900 的琴声，在大厅里随着海波摇摆，音乐治好了他的晕船。不论是大厅里锦衣玉食的富人，还是蜷缩在低等舱、衣衫褴褛的穷人，都曾在他的伴奏下舞蹈。但是，当人们看到美国的海岸，随着一声激动的“America！”舞蹈着的人们蜂拥到甲板，只剩下 1900 坐在琴前，苦涩而无奈。音乐如同我们的初心、我们的理想，我们都曾为它着迷、努力、甚至疯狂。但随着我们慢慢成长，财富、权力、物质欲望，都诱惑着我们，就如同那时的美国，吸引了世界各地无数的移民。正在奋斗的我们，有时也应该思索，自己的初心是什么？是否还记得自己的理想？那声“America！”竟让人觉得，与自己初到北京之时的兴奋，也有些许类似。

当 1900 遇到那个女孩的时候，他正在录制自己的唱片。他拒绝发行那盘唱片，却把它包好，想要送给心上的姑娘。他毫无经验，对着镜子一遍又一遍练习；他也不懂得礼貌，在夜晚偷偷潜入舱室，趁她熟睡亲吻她，又迅速逃离。可他终究缺乏那一份勇气，在船上没有把自己的音乐送给她，在她下船离别之时，却因为拥挤的人潮错失了机会，只是知道了女孩的住址。失意的他把唱片掰碎扔进了垃圾桶，想下船追寻她，却在舷梯上因为灰暗的大城市而惶恐，最终只是扔出了自己的帽子，回到船上，再没有表露过下船的想法。昙花一现的爱情，甚至还没有开始，就已经结束。1900 的想法究竟是什么？影片其实暗中告诉了我们答案。

自称爵士乐鼻祖的杰里·莫顿上船来挑战他，他起初却把这当作了友好的交流，用心弹奏着简单动听的乐曲，却遭到了人们的嘲笑。可当他终于明白了莫顿怀有恶意之后，却表情痛苦、汗流浃背，演奏了一首极度炫技、无法复制的曲子，惊呆了在场众人，最终还用灼热的琴弦给莫顿点了一根烟，宣布了自己的胜利。然而，只有这一次，1900 的演奏让他自己显得那么痛苦，而其他时候，他或是面带笑容，或是饱含深情，总是很享受。这一次斗琴，让我们理解了 1900 的选择。陆地上的人们追名逐利，莫顿演奏的音乐确实是他用心所创作的，但那些动听的曲子被用来与人相争，一切就都偏离了轨道。1900 的技巧无人可及，但如果他下了船，在陆地上成名之后呢？他无法想象不再随心创作音乐的生活，他看不到自己的尽头。

也许很多人都不愿意过着一眼就能看到尽头的生活，那让他们觉得生活索然无味。但 1900 清楚自己的所想所爱。他想要下船时，所有人都以为他是为了那个女孩，但他也是为了自己的音乐。他也曾说过，“我想去听听大海的声音，听听它的咆哮，不是在海上，而是在陆地，在别的地方”，下船也是为了实现这个愿望。可当他站在舷梯上，无尽的城市、过去遇到的爵士音乐家、未卜的前途，都让他觉得，到陆地上不能让自己创造出更多的音乐，反而会让他动摇。而女孩呢？他们没有相同的经历，也没有其余的交流，1900 孤独了那么久，这样的爱情恐怕也不会幸福。所以，他回到了船上，再也不愿离开。

最后，“弗吉尼亚号”已经破旧不堪，往日奢华的舞厅被蛛网灰尘掩盖，连那架钢琴也被拉下船卖到了乐器店。1900 却一直躲在船上，只有马克思知道他的存在。在爆破前，马克思前去寻找他，最终，他说出了自己的答案。

就像他以前所说的：“陆上的人喜欢寻根究底，虚度很多的光阴。冬天忧虑夏天的迟来，夏天担心冬天的将至。所以你们不停到处去追求一个遥不可及、四季如夏的地方——我并不羡慕。”最终，1900 随着弗吉尼亚的爆破葬身海上，一代传奇就此谢幕。

究竟是船上的 1900 把自己禁锢了起来，还是陆地上的我们禁锢了自身？我们不断地用修正理想的方式与现实妥协，庸碌地选择随波逐流，因为他人的评价而疲于奔命，一路走来，当初的愿望竟早已面目全非。正因为多数人都是如此，才衬出1900那么强烈的孤独，却也让他的坚持显得更加难能可贵。随船而逝，便是他最好的归宿。

我们也是生活的钢琴师，道路于我们，正如弗吉尼亚号于1900。也许我们并非1900那样的天才，但我们依然可以用自己的坚定执着，书写自己的传奇。这也许就是我们最好的归宿。

汉魂唐魄，山水之间
——观《我和我的家乡》有感

贺一鸣

我始终坚信，有两种力量在我们的一生中激荡，一种力量去远方，一种力量回原乡。

——前言

在国庆期间上映的电影中，《我和我的家乡》一骑绝尘，脱颖而出，成为国庆档最终的赢家，而这必然离不开其情节和内容的丰满。作为一部主旋律电影，它与往常的叙述方式并不相同，并没有站在道德的制高点去仰望星辰大海，而是俯下身去细嗅乡村泥土中氤氲的蔷薇芳香。五个故事用分镜头的手法以短视频的形式连接在一起，使得情节具有高度的完整性和关联性，故事发生地选取了东北农田、贵州黔南、陕西毛乌素、浙江千岛湖和衡水新农村，从大漠孤烟塞北，到杏花烟雨江南，纵横万里，我们体会着人间百态，也为我们每一个人找到心灵的栖所。

在五个故事中，令我感触最深的是《最后一课》。这一幕讲述的是海外教授老范患上了阿兹海默症之后，记忆滞留于 1992 年在望溪村做乡村教师的“最后一课”中，为了治疗老范，众人合力还原了最后一课的情景。也许这就是余秋雨先生所说:“纵令烧我成灰，我的汉魂唐魄依然萦绕在那片厚土，登高的壮士叫他九州，漂泊的游子叫他大陆。”

故事的前半段节奏紧凑，笑点密集，一个长镜头从千岛湖出现开始，一直到老范迈入教室前踢了一脚母鸡，“笑果”十足。众人商讨复原细节、还原旧校舍具体过程、老范不识其子、姜大雷冒充其父……人物特色鲜明，令人捧腹大笑。

到了后半段，当老范踱着步子走到了教室后，气氛便安静了下来，通过和学生们的问答，逐渐带着我们回到了1992年的课堂，而老范原本涣散、迷离的眼神也重新变得有神，多了几分从容与喜悦，伴随着窗外伪造的风雨，课堂顺利进行。当老范微微颤抖的手在黑板上写下我和我的“乡家”时，两眼呆滞地望着黑板，不禁令观者心酸。但即便如此，他却始终没有忘记任何一名学生，对每一个学生的生活琐事熟记于心。一切都是这么的和谐，直到一个学生的手机突然响起，“最后一课”的谎言逐渐被戳破，老范环顾着与记忆大相径庭的四周，眼神中又流露出惶恐与迷茫，慌张地逃出教室，跟随着记忆的脚步走在路上，却不时被周围的灯红酒绿吓到。记忆中的青石板路与现实的车水马龙相交织，最终汇聚在新修建的五彩斑斓的校舍——“蓝色的玻璃，红色的墙”，老范也终于看懂了当初的姜小峰白纸黑字上的色彩，长大成人的姜小峰此时轻轻来到范老师身边，二人深情相拥，情节到达高潮。

整部电影不仅是阖家欢乐的喜剧，更在多个维度体现出中国的强大，从《北京好人》体现我国农村居民医保体系的日趋完善，到《天上掉下个UFO》展现科技成果日新月异并真正做到了利民惠民；从《回乡之路》展示我国治沙防沙取得的突出成就，再到《神笔马亮》中体现出越来越多的青年舍小家顾大家、支援乡村建设的高尚情操……在欢笑之余油然萌生出一种民族自豪感，让我们能在曲终人散之后还有一种余音绕梁之感。

风雨多经人不改，关山初度路犹长。这是悠悠古国，人文渊薮，穿越五千年的唐风宋雨，越陌度阡在新时代铺展开来；这是田园牧歌“青山不改，绿水长流”，亦是现代化美丽乡村“望得见乡愁”的精神召唤。山水之间，时代绽放，这就是我的汉魂唐魄，我的家乡。

红·黑
——观《长安十二时辰》有感

贺一鸣

天宝三载（744 年）的长安，在太宗、高宗、武则天时期开疆拓土的基础上，加之玄宗开元近三十年以来的财富积累，此时的大唐帝国堪称是中国历史上最强盛的时期之一。胡汉夷狄，三教九流，富商巨贾，世家大族，全都聚集在长安城，百万人口的长安胡人占比能够达到十中有一，其国际化程度，恐怕当今中国的任何一座城市也比不上。然而，盛极必衰，外患已定，庞大的官僚体制在经过上百年的运转之后，早已腐迹斑斑。这一年的上元节，长安城陷入危局，死囚张小敬临危受命，与李必携手在十二时辰内拯救长安。

看完此剧，我心中有一抹红，也有一抹黑，我的内心色彩缤纷，五味杂陈：那是袍笏轩冕光艳之红，是布衣黔首隐秘之黑；是引爆伏火雷的火光冲天，是石脂接引的阙勒霍多；是太上玄元大仙灯的绽放，是其昙花一现的陨灭；是至美大唐的金瓯无缺，是盛世将衰的黯然神伤；是金乌之希望，是暮夜之荒凉……长安城像是一匹被丢进染缸的素绫，喧腾的染料漫过纵横交错的街道，像是漫过一层层经纬丝线。只见整个布面被慢慢濡湿、浸透，彩色的晕轮逐渐扩散，很快每一根丝线都沾染上那股欢腾气息。整匹素绫很快变了颜色，透出冲天的喜庆，也夹杂着抱残守缺的沉疴宿疾。

长夜寂寂，在这伸手不见五指的黑暗之中，两个灼热的灵魂却闪耀着属于他们的信仰之光，尽自己所能挽狂澜于既倒，撑大厦于断梁。正是这一抹赤红，点燃了时代灯塔，烛照夤夜长路。

信仰是一种力量，是一种难能可贵的东西。

“我的梦想是庇佑天下百姓。”小小的身躯，却蕴含着一个伟大的梦想，他的信仰是庇佑全长安。他觉得凭自己的一身才干，终能在官场上拼出一条血路。但在那个黑暗的环境下，社会终归是比他想象的要复杂，长安城之中，各种势力涌动，大家都各怀鬼胎，根本没有可信之人。无奈之下的他，只能寄希望于一个死囚，张小敬。即使天下人都反对，即使遭遇了种种阻挠，他依旧坚持着自己的信仰。让人动容。在长安如此浑浊的环境中无数人选择了沉沦，唯有李必保持清醒。难能可贵。

既有信仰，则要贯彻信仰。世界上永远不缺清醒之人，但缺乏即使现实重重阻挠仍愿保持清醒之人。

“世界以痛吻我，我要报之以歌。”他曾经为国家效忠，却惨遭抛弃；他嘴上说讨厌这个吃人的世道，讨厌官僚作风，却为了拯救大唐置生死于不顾。张小敬不断在矛盾中倔强，在倔强中依然不抛弃自己的信仰。张小敬一心为了破案，却无人理解。本只想一心做好一件事，却被有心之人刻意责难，被无知之人白白拖累。他的信仰是，当一天不良人，就护一天百姓。只要是对的事，就该坚持，一个人的力量也是力量。

雨果曾说：“信仰，是人们所必须的。什么也不信的人不会有幸福。”反过来，想要拥有幸福的人，就必须先拥有信仰。可以说，萧规就是一个没有信仰的人。或者说，他的信仰被人打碎了。当他知道，他和战友们拼死守护的长安，正是谋害他们的元凶时，他的信仰崩塌了。从此，他从一个给他人带来快乐的战友，一个誓死守卫长安的旗手，变成了阴郁黑暗、一路屠戮的魔头。直到感受到圣人的善良，他才明白，长安的善，需要有人去守。至此，他终于再度找回自己的信仰，迎来了人生最后的高光时刻。

在 2019 年上映的这部古装国产剧具有极高的水准，从服装、道具、化妆的选择到剧情的多线并行的设置，从打斗场景的高度还原到细节安排的天衣无缝，再到这部剧所蕴含的哲理、影射的现实，都可以说得上是匠心之作。司汤达曾在《红与黑》中落墨："小说就像是一面在路上的镜子，时而反射天空的蔚蓝，时而映照出沼泽的泥泞。"文变染乎世情，兴废系乎时序，这部电影带给我恒久的思考。

最后的最后，尘埃落定，长安常安。李必上山修道，退离官场；张小敬背着包离开了他所爱、所守护的长安，事了拂衣去，深藏功与名。画面黑白，热血永驻，形单影只的背影远去，留下来烧不完的余烬……

焦虑伴我成长

于舒凡

恍然间已是七月初了，想想今年的高三考生，大概还在为高考而努力拼搏吧？回想起自己去年经历的高考，仿佛还在昨天，埋头做题的场景似乎近在眼前。小时候，我总是盼着长大，长大后才发现有更多的烦恼。高中时，想着高考后就解放了，高考后，进入梦想中的北理，成为其中的一员，却又发现自己的种种不足。我幻想着无忧无虑傻乐的生活，却逐渐成为焦虑的一族。

我是新时代的大学生，我是北京理工大学的一员，许多人都在羡慕我，可是我却真的很焦虑、很焦虑。今天天气很热，天气预报发布了高温预警，我有点焦虑；一个学期的线上学习，让我心里很没底，我比较焦虑；马上要期末考试了，我很焦虑。大学毕业后，我应该怎样？去哪里读研？以后的工作会怎样？想到这些，我无比焦虑。在家有点闷，出去走走吧。烈日的暴晒下，马路很烫，走在上面，我愈加感受到自己的焦躁和不安。路上的汽车和电动车很多，鸣笛声响了又响，更加重了我的烦躁。人满为患的公交车上，我看不到一个人的脸。望着那一只只医用口罩，白的、蓝的、厚的、薄的……此时此刻，我很难感受到安稳和满足，而是真切地感受到了焦虑。

“焦虑”这个熟悉却又陌生的词，为什么总是让我一个刚刚成年的大学生这么深切地感受到？

到底什么是焦虑呢?

“度娘”说:焦虑是我们对即将来临的、可能会造成的危险或威胁所产生的紧张、不安、忧虑、烦恼等不愉快的复杂情绪状态。焦虑是人类情感的基本体验之一,是对外界感知威胁的一种适应性反应,具有生理和心理的双重特征,但是过度的焦虑或过弱的焦虑都会形成情感性或生理性疾病。

对照一下,我发现,自己的焦虑主要是现实性焦虑。

从定义上说,现实性焦虑所表现的是对现实的潜在挑战或威胁的一种情绪反应,而且这种情绪反应是与现实威胁的事实相适应的,是一个人在面临其不能控制的事件或情景时的一般反应。

临近的期末考试,线上开题,父母的健康状况,食品的安全问题,自己的体形保持等,这些现实的事件或问题都引发了我的焦虑。

既然认识了焦虑,我就要积极对待它。

首先,当然是接受焦虑的状态,因为它是一种正常的情绪感受,完全没有焦虑的情绪体验反而是不正常的。

其次,当感受到焦虑时,我尝试用以下方法自我调节:

1. 锻炼。锻炼是消除焦虑能量的好方法,运动也有助于缓解压力环境所引起的焦虑。所以,暂时告别线上课程,在激情的音乐中拉伸自己,让肌肉生长,让脂肪消耗。

2. 冥想。冥想可以帮助思绪慢下来,让我可以更清楚地认识自己的压力来源,从而更好地控制焦虑的情况。像瑜伽中的冥想,是不是可以把焦虑封印?

3. 时间管理策略。成长意味着,有太多的事情需要自己处理。在家的线上学习,让我面对更多的自主时间。那么就制定一份时间表吧,对不同的事情按照紧急且重要、紧急但不重要、不紧急但重要和既不紧急也不重要来区分,让同一时间内的自己可以专注于某一项任务。有效规避多重任务的冲突,不给焦虑可乘之机。

4. 必要的陪伴、关爱和支持。与长大相对应的,是父母的年岁渐长。在家的学习,让我与父母、家人有了更多的相处时间。年少时,在不自知中,我占用了父母太多的关爱和陪伴,现在该是我回馈他们的时候。简单或丰盛的一顿早餐，围坐一起的谈心聊天，黄昏夕阳下的河边漫步，是我现在能够做到的。科学也证明，无论是对家人、朋友或是宠物的陪伴与关爱，对改善包括焦虑在内的各种心理健康问题都是有益的。

最后，要发现焦虑的好处。焦虑并非是一无是处的，在焦虑情绪的影响下，我会竭尽全力做好日常的学习，积极主动地锻炼身体，合理有效地与家人相处。能感受到焦虑，我才会害怕成绩的不理想，害怕子欲养而亲不待的窘境，害怕事情的发展超出我的能力范围。这样可以让我提前对这一切竭尽全力做好准备，并安心平静地接受最终的结果。

有人说，“00后”是焦虑的一代，没有“70后”的白手起家，缺乏“80后”的安逸洒脱，更不像“90后”的随性自我。现实确实有太多问题摆在我们面前，焦虑是我们适应和解决问题的基本情绪反应，也可能会是未来伴随我们一生的朋友和伙伴。

最后的最后，请允许我戏谑一下焦虑：

这世界有晴空万里
也有乌云密布
我们的心情可以明媚
也可以阴沉
我的心一直向着阳光
也可以偶尔“焦虑”。

喀喇昆仑的赞歌
——《高原长歌》

王卓然

喀喇昆仑地区，从喀什向边地辐射，几乎囊括了天山南麓、帕米尔高原、阿里高原和喀喇昆仑山。同哈萨克斯坦、尼泊尔等七个国家接壤的喀喇昆仑，边境线在冰峰雪岭、河谷戈壁间穿越，绵延数千公里，与世界屋脊紧紧相连。

神仙湾、天文点、扎西岗……这些带着诗意的哨所名字掩盖不了它们是“夺魄之地”的现实——天上无飞鸟、地上不长草，六月雪花飘、四季穿棉袄，风吹石头跑、氧气吃不饱。有人说，在喀喇昆仑高原守防的日子太艰苦，即使躺着也是一种奉献。即便如此，南疆部队仍流行着这样一句话，在高原“待着待着就习惯了，怨着怨着就爱上了”。

“9·11”事件发生后，邻国战乱的烽烟在帕米尔高原上升腾，驻守在喀喇昆仑一线的南疆部队随即开始执行战备任务。本书作者以此为序，描绘了他自 2000 年担任南疆军区副政委的两年里走访基层部队的所见所闻，展现出高原官兵坚毅性格中的侠骨柔肠和人性之光。

初读《高原长歌》，强烈的震撼与触动便直击心灵。重读此书，更多的是感叹高原戍边人的不易与喀喇昆仑精神的崇高，脑海中映着的是喀喇昆仑官兵们站起来是城墙、倒下来是丰碑的伟岸形象。再后来读出的是熔炉一般的高原军营，磨砺摔打着一代代戍边人的体格，锻造淬炼着一代代戍边人的灵魂。

漫漫戍边路，给每一个高原戍边人烙下了鲜明的印记，从外观上的脱发、指甲凹陷再到内心室增大、生育能力下降……高原缺氧给官兵带来的健康摧残是最普遍的现象，除此之外还有穿越在冰峰峡谷间艰险的道路，无法预料的暴风雪、洪水、泥石流和野外的狼群猛兽，都像死神般如影随形。边关军人咽下的苦，常人难以想象！但这漫漫戍边路更让“寸土寸金寸心”的家国情怀深深植根于高原戍边人的心中，让来到这里的一代代军人蜕变与成长。

书中一个片段让我难以忘怀。2001 年央视节目中一位地方青年向从喀喇昆仑赶到北京参加节目的士官张定雁提问：“第一次来到北京，面对大都市的繁华，你对自己把青春献给红山河后悔吗？”

张定雁的回答让人热泪盈眶：“我们每次上山，都要经过一处叫康西瓦的地方，那里有一座烈士陵园，里面安葬着 100 多名在中印边境反击战及后来戍边中牺牲的烈士。他们大多都是十八九岁的小青年，可为了保卫祖国的边疆，他们已经在海拔 4 000 多米的雪域高原长眠 40 年了。要说后不后悔，你应该去问他们。”

这就是南疆军人的胸襟与境界。

喀喇昆仑地区河尾滩边防连的海拔比珠峰大本营还高出 200 多米，是“生命禁区中的禁区”。2016 年年初，蒙古族战士叶尔登巴依尔巡逻归来突发疾病，将 23 岁的生命定格在雪域高原。战友将他的遗体安葬在喀喇昆仑山腹地的康西瓦烈士陵园，让他永远守望着这片挚爱的热土。

正如作者所说：“走进喀喇昆仑的战士，能强烈感受到一种摄人心魄的力量，他们每一个人的故事都让我们体验着极端艰难背景下生命的坚韧与精神的崇高，从而让我们在那些平凡的士兵身上感受到必须仰望的耀眼光华。我在高原寻觅的与其说是边关军人的动人故事，不如说是激荡在这片国土上向往崇高、走向崇高的精神力量。”

喀喇昆仑官兵们驻守的高原不只是一个海拔高度，更是一个值得攀登的人生高度。

爬冰卧雪，风餐露宿，雪山达坂间，喀喇昆仑官兵们锻造了“热爱边防、艰苦奋斗、无私奉献、顽强拼搏”的喀喇昆仑精神，把忠诚镌刻在喀喇昆仑之巅。

斗转星移，喀喇昆仑的守防条件也发生了翻天覆地的变化，官兵们住进了富氧营房，迈入了“网络世界”，坐上了多功能巡逻车。但“生命禁区”恶劣的自然环境依然没有改变。喀喇昆仑精神亦在新时代熠熠生辉，一批批铁心戍边的官兵正在用青春和热血书写着喀喇昆仑精神的崭新篇章。

曾经，有一位将军访问边疆哨所后留下了一首新边塞诗：

雪拥边关路，巡逻马不前。
五步三平喘，海拔逾五千。
紧握战士手，十指似树根。
面透青还紫，唇裂血痕留。
归途几回首，一路默无言。
试问名利客，几人能戍边？

“试问名利客，几人能戍边”多么让人心酸！即使社会上物欲横流，但还是有这么一群人这样不为名不为利、不怕苦不怕死，只为国家和人民默默无闻地奉献青春、牺牲自我，他们是值得我们仰望的精神高地！

云深不知处，豪情戍边关，向驻守在喀喇昆仑的这些最可爱的人致敬！

愧疚与救赎，与自己角逐
——《追风筝的人》有感

杨正贤

【写在前面】

想写这本书的读后感很久了，但是一直因为种种原因而辍笔。这是一本我非常喜欢的书，可能读了不下三遍吧。初读时，断断续续，少年的懵懂与青涩让我对这本书的印象停留在“复杂”；再读时，细细品味，咬文嚼字，一定的成长以及愈发成熟的心态使我从书中悟到了人生百态。它交织着人世间所有的情感，人所有的七情六欲，乍看似乎不适合成年人阅读，实则在不同的人生阶段你都能品出不一样的味道。以下，便是笔者对书中内容的一点理解，与诸位共享。

闲暇时从书柜中瞥见了它，便不觉地再次捧读。加之偶然间看到了电影频道播放的电影版，哈桑的那句“为你，千千万万遍”再度萦绕在我的耳畔。令人惆怅而又深邃的结尾，让我不得不对这本书重新思考。

富家少爷阿米尔和仆人哈桑，两个几乎同龄的孩子，同样从小失去了母亲，喝着同一个奶妈的奶水长大，却因有着完全不同的种族、不同的家庭背景，有着不同的阶级待遇，产生了不同的性格。

小说可以分成三个部分：一是阿米尔和哈桑在苏联入侵前和平时期的青年时光。阿米尔常常因为父亲宠爱哈桑却对自己严苛而心生嫉妒，以至于目睹哈桑在追风筝途中被他人羞辱时，选择懦弱地逃开。之后更是为了让自己内心不受此事的煎熬，用栽赃的手段逼迫哈桑离开，让自己眼不见心不烦。二是苏联入侵后阿米尔和他父亲逃往美国的过程及在美国的生活。在这个时期阿米尔认识了他未来的妻子索拉雅，以及父亲患癌去世等。三是阿米尔在父亲合伙人拉辛汗的邀请下前往巴基斯坦，在他口中得知哈桑是其父亲和仆人妻子私通生下的孩子，他同父异母的弟弟。此时的哈桑已被杀害并留下一位孤儿在喀布尔，阿米尔出于愧疚决定前往阿富汗救下哈桑之子索拉博，踏上了赎罪之旅。

读完小说，给我留下感受最深的两个词就是“愧疚”“救赎”。故事里的每个人都活在各自的愧疚之中，爱恨情仇的交织，成就了彼此的人生。哈桑老实、善良、正直、忠诚、憨厚、朴实，为阿米尔甘愿付出一切；而阿米尔内心懦弱、胆小，一直在试图回避与挣脱内心的敏感与脆弱点。

哈桑是那么单纯，为了阿米尔，他是那么勇敢。他可以不惜一切代价对阿米尔许下“为你千千万万遍”的誓言；他可以在阿米尔受人欺负时挺身而出。虽然在看到哈桑受伤害的那一刻，阿米尔也一定矛盾过，煎熬过——挺身而出，便可以证明自己不是一个懦夫，哈桑可能不会被性侵，但自己可能会受伤害，会输了风筝比赛，会得不到爸爸的爱。一个孩子的无力挣扎，和一个孩子对父爱自私的渴望，致使美好的开头变为凄惨的结局。

一个无私付出，一个懦弱逃避，也注定这段关系的悲剧结尾。“阿米尔和哈桑，喀布尔的统治者”，这样的誓言注定只能是石榴树下的童话。内疚，让一颗心灵煎熬。回去阿富汗，解救哈桑的唯一孩子，对阿米尔来说是心灵的镇静剂。也许，若能帮助那小男孩一步步走出心理阴影，拥有快乐的童年，阿米尔心中的愧疚便能得到解脱吧。

……

欺骗、背叛、愧疚，这些活生生的字眼，是触动我心灵最多次的文字。人性的阴暗面，正是躲在人性的善良之后。也正因为原本的善良，才有愧疚，才有痛苦，才有悲剧，也才有原谅，才有救赎。

单纯、真诚、正直、善良，这些明媚的字眼，同样很多次地触动了我。没有秘密的心灵是那么阳光，那么自由，那么清澈遥远……

书的结尾，以阿米尔为哈桑的孩子追风筝的画面收场，婉转，凄美，悠长。无数个“我追”，表露了阿米尔内心的渴望与寂寞。他在追，追那段曾经来过却没好好珍惜的回忆，与父亲，与哈桑；他在追，追求一个心灵的慰藉来填补内心的空洞；他在追，追一段艰辛的人生旅途……

我想，就像作者在序言中所说的那样，“我们每个人心中都有一个风筝，那个风筝就是一个完整的完全的自己”。我们都是“追风筝的人”，或许，我们也将像阿米尔一样需要付出一生去追寻。

故事的结局，太心酸，让人无法接受，甚至使人幻想着故事能有后续。但是我想，悲剧的力量，便是以最强烈的形式，让我们反思生活，反思自己吧。

夏日炙烤着大地，与蝉鸣一起宣示着三伏天的烦躁不安。懒洋洋的热风无力地略过树梢。忽然，一只艳红的风筝飞入眼帘，划断了我心中的风筝线……

老　家

宋星洲

疫情期间我重读了一遍费孝通先生的《乡土中国》，这让我回想起了以前许多发生在自己身上的事。我跟自己说：不如试着写写吧。希望通过这篇文章，能够追忆已逝的人，描绘出生长在泥土里的中国人。

——题记

整个童年，最畏惧的事就是回老家。

从小我就不太明白，已经有了个家，为什么还平白无故多了个老家？大人们给的解释也很简单：因为那是你爸爸、妈妈？曾经生活过的地方。

一到春节，回老家就成了不可避免的事。一个小孩子，年关将至的喜悦还没享受完，想到要回老家，看到爸妈在收拾年货，就感觉如临大敌。

回老家的日子定在二十九，因为那天是奶奶的生日。那天早上四五点钟就要起床，太阳还没露脸，我就被父母从被子里拖出来。囫囵地吃点东西，把收拾好的年货全都放上车，伴着黎明的星光，一家三口开车回老家。那时候天还很冷，车上的暖风也不如现在这么好，况且二十多公里离着也不远，基本暖风刚热也就到地儿了，父亲把羽绒服脱下来给我披上也无济于事。最糟糕的是小时候的我还晕车，车还没开多远我就已经把早晨吃的东西都吐出来了，吐了喝水，喝了又吐，最后小小的心苦涩着缩成一点点，把所有的过错都归咎于两个字：老家。那份苦楚就这么承受着，车似乎一直在开，永远也不到。

因为父亲工作的关系，初四就得离开老家。虽然父亲还恋恋不舍，但是我那颗苦涩的心早已从老家飞到不知哪里去了。然后回去的路上又吐得一塌糊涂。所以老家对我的童年来说，是畏惧，是排斥，是抱怨和微微的恨意。

时光就在一年一年回老家的仪式中度过。我从幼儿园到了小学：家里的车换了辆新的，减轻我痛苦的晕车药也到处都能买到。但对老家，我始终不热爱。三叔总是打电话，要修房、翻新、凑份子，长年累月拿走父亲的一部分收入。所以，因为有一个老家，小男孩的成长少了应该有的自行车、手机、零用钱。

这样的老家，我拿什么去爱她？

不，我从来没爱过她。这么多年，我一次次回到她身边，却从来没有和她真心对话，也没有好好看过她。

姥姥是在我一年级的时候去世的，那时候是冬天，我放了寒假，得到消息，就回老家给姥姥送行。那晚，母亲没有表现得过分悲伤，只是守着姥姥。最后的晚上母亲一直沉默着，一会儿整理一下姥姥的衣服，一会儿牵牵她的手，更多的时候是在看姥姥苍老而平静的面容。

我默默地看着母亲，心里想了一个问题：姥爷早已去世，现在姥姥也去世了，那老家还是老家吗？我没问她，只是陪着她。在那一天，我的妈妈送走了她的妈妈。那年春节，我还是在老家过的，我心里琢磨着，这可能是我最后一次在老家停驻。

果然，从那以后，我再也没有回过老家。

在老家的三叔有时还会打电话给我：“家里的网可快了，地暖也热乎，屋子也大，还干净……”我听了，只能笑着搪塞着，不知道说什么。老家对我已经完全陌生，我想不出日后会有怎样的交集。

我想不出，所以也不会想到，那一天这两个字会以那样的方式一下扎到我的心。

去年春天，爷爷身体不适，去医院一查，肺癌晚期。送进医院两个月，爷爷的生命就进入了倒计时，消瘦虚弱到已近乎无力，断断续续开始昏迷，我和父亲陪床。

那天中午，父亲出去打饭，我一个人在病房。爷爷突然清醒了，嘴唇翕动着，想说什么，我握着他的手贴近他，听到他喃喃地嘟囔着："回家……""什么？"其实我听清楚了，这样问，是因为我不解。他看着我，慢慢地说："带我回老家吧，我看见我的爸爸妈妈了，我好想他们啊。"说完，他的眼神忽然温柔了起来，在那眼神里，我看到了孩子对母亲和家的向往。我出去找了爸爸，爸爸立马端着空饭盆小跑着回来对爷爷说："爸，咱们回家。"

那天下午，我和爸爸带着爷爷回到了老家，回到了我许久不见的老家。到老家 20 分钟后，在曾经爷爷住了一辈子的老祖屋里，他轻轻地闭上了眼睛。那一刻，他的面容格外安详平静，踏实满足。旁边，一直沉默的三叔用粗糙的手轻轻抚摸了一下爷爷的面容，说："爸，不怕了，咱回家了。"

几个字，我忍不住泪如雨下。

那天晚上，如同几年前我和妈妈守着姥姥一样，我和我的爸爸守着他的爸爸。我们守着他，一遍遍帮他整理衣衫，轻握他的手指，抚摸他的脸庞。我无端想起好多年前问爸爸为什么当初把爷爷接到市里的时候爷爷那么抗拒。记得当时爸爸沉吟良久，像是自己跟自己说的一样："爷爷奶奶年纪大了，离不开他生长一辈子的地方了，因为他怕死在外边，魂回不了老家。"

那一刻，这句话从我脑海里跳出来，令我的灵魂战栗不已。

老家永远等在那里，等所有离家的游子的灵魂最后的回归。

竟是在爷爷去世后，我开始频繁地回老家。爷爷的头七，百天，周年，清明节，中元节，春节……老家，终于成了我不断自愿想回的地方。

老家其实还有个名字：故乡。

《老人与海》读后感

蒋明非

这本书可谓是短小精悍，但是故事却蕴意深远。我不敢说我读懂了这篇小说，但是我愿意把我的一些想法分享给大家。作为一本中学必读书目，在这个漫长的假期里，我又把它翻了出来，重新审视。

这本小说最让我疑惑的是，第一遍读下来我几乎什么都没懂。当今的故事大多是以成功或是英雄的胜利结尾，为何这次没有？最后的最后老人也只是梦见了一只狮子，似乎看到了希望罢了。

据我所知，海明威是迷茫一代的作家，他在书中所写的一切好似都带着一些悲伤的色彩。老人历经 84 天没有捕上来一条鱼，而就这样艰苦地活着。从一开始便有了一个悲的基调。老人是别的渔夫眼中的失败者，在第 85 天依旧顽强出海捕鱼，他就是固执地想证明自己，像个不服输的孩子。总有人的心正年轻，这一切的一切却看起来这么自然，就像是一个意志坚强的人所可以做出的坚强的事情。

出海之后，一切都重新开始一般。大海似乎感受到了些什么，将一只大马林鱼安排到了老人的身边。历经三天三夜的搏斗，老人丝毫没有放弃，在脑海里不断地和鱼、鸟、大海对话，不断回忆往事，并想到了曼诺林，他大声地自言自语："要是孩子在这儿多好啊，好让他帮帮我，再瞧瞧这一切。"这一切都像是海明威自己的独白，像一个落寞失势的诗人在面对大海之时，将自己一切的苦难都倾诉而出。我无法读出任何钓上鱼后荣耀的喜悦，反而是一种英雄落寞离场的感觉。那大马林鱼多漂亮，老人多么喜爱，作者为何不让他完整地带回家去？大抵就是天降大任于斯人，只有历经磨难之人才能真正辉煌吧。

半路遇见了鲨鱼。捕鱼人最最害怕的海中生物应该就是鲨鱼了。不像与大马林鱼那样僵持，老人显得十分无助。尽管先用鱼叉叉死了一条，却还断了刀，改用短棍，勉强渡过了难关，只留着一副空骨架回了家，但那鱼骨是带着闪耀的光芒的。尽管鱼肉都被咬去了，但人们依旧惊叹于这位老人，一个真正的硬汉圣地亚哥的硬派作为。“人不是为失败而生的”，“一个人可以被毁灭，但不可以被打败”。面对这一切困难，无论是从前 84 天的困境，抑或是与大马林鱼的搏斗，还是和鲨鱼的对抗，老人都在彰显着他顽强的精神。那种在失败面前仍然可以挺起身板的精神。

“一艘船越过世界的尽头，驶向未知的大海，船头上悬挂着一面虽然饱经风雨侵蚀却依旧艳丽无比的旗帜，旗帜上，舞动着云龙一般的四个字闪闪发光——超越极限！”海明威这样评价自己的作品。的确，在这一切的故事之中，都是老人一次次的挑战，与大海一次次的回应。这条残破的大马林鱼和那只梦中的狮子显示着老人唯有的希望，只有怀着坚定的希望才能够一次次地越过极限。

根据冰山原则，我大概也只是捕捉到了小说汪洋中的一条大马林鱼罢了，还有许多，是老人不曾说过的故事。

灵魂只能独行
——《树上的男爵》读后感

朱元博

“一个人只有远离人群，才能真正地和他们在一起。”

——卡尔维诺

卡尔维诺带给我的震撼绝不亚于马尔克斯，他们都是用手中的笔创造了新世界的人，只是前者创造了一个前所未有的树上世界，而后者则构筑了诡谲奇幻的马孔多。

马孔多在下雨，其中的孤独绝望何人能解？

男爵上树不归，此中的故事我欲一探究竟。

故事是这样的：1767 年 6 月 15 日，长期压抑在贵族家庭繁文缛节下的柯西莫，在姐姐做了一顿恶作剧般的蜗牛午餐后，终于忍无可忍，愤而离家，怒而上树，时年 12 岁。就像《海上钢琴师》中的 1900 一生未曾下船一样，柯西莫从此便在树上安家落户，直至 65 岁去世也不复下树。在他待在树上的 53 年时间里，他学会了在树上捕猎、学习、交际，甚至还帮助过游击队侦察敌情，与伏尔泰、卢梭等哲学家通信，使恶贯满盈的强盗迷恋上文学并金盆洗手。这是一个关于疏离与反叛、孤独与坚守的故事。

疏离与反叛

乔布斯曾言:“你的时间有限，所以不要为别人而活。不要被教条所限，不要活在别人的观念里。不要让别人的意见左右自己内心的声音。最重要的是，勇敢地去追随自己的心灵和直觉，只有自己的心灵和直觉才知道你真实的想法，其他一切都是次要。”然而，名言之所以会成为名言，是因为大多数人难以做到，人们觉得这番话醍醐灌顶，是基于一个残酷的事实——我们大多数人很难做到追随自己的内心，受限于种种，我们不得不随波逐流，否则代价巨大。我们受制于责任、道德、纪律、世俗观念的重重枷锁，力所能及之事十分有限，譬如书中的“我”：比亚乔，一生做着努力迎合他人期待的“自己”，循规蹈矩地活成了世俗所认可的模样，平凡一生、安稳一生。而哥哥柯西莫则敢于反抗、敢于断绝，与有违内心的生活保持距离，追求真我，为自己而活。

我们无法评判谁的一生更加精彩，但我知道，倘若柯西莫在弥留之际回顾一生，他绝不会后悔，比亚乔呢？一言难尽。

我们究竟是要选择循规蹈矩而安稳无虞的生活，还是决意于听从内心的声音，无惧世俗的眼光？这是个值得深思的问题。

孤独

“多少曾经重要的东西，对他不再重要了。”他可以抛弃一切，但唯有一样东西却注定如影随形——孤独。

生命的本质即是孤独，我们大多数人为了避免感到孤独，想方设法地，用书籍、友情、爱情，或是用游戏、音乐、旅行来填满自己的时间，从而营造出一种“我并不孤独”的假象，以得到内心的宁静，然而人生如海，谁人不觉孤独，这世上有谁能真正懂你，而你又真正懂谁？

灵魂只能独行，柯西莫深谙此理。他爱这眼前的一切，但却又时刻与这一切保持着距离，他孤独地站立在树梢，去俯瞰，去阅读，去沉思，寻找生命的意义，乐此不疲。

坚守

上树伊始，父亲便警告树上的柯西莫：“反叛行为是不能用尺度衡量的，有时你以为只迈出了几步，实际上却永无掉头回返的机会了。”然而柯西莫掷地有声道：“我认识我的路，我知道我要走的路！人如果不能充满力量地保持自我，就不能拥有一切。”他为自己定了一条严苛而残酷的规矩，并永不违反，因为对于他而言，没有这条规矩他将不再是他自己，他将与众人无异，而这恰恰是他穷极一生所竭力反抗的。

上树以后，他却不再跟任何人提起当初的规矩，只是在心底默默遵守始终如一，因为他认为：“基于某种内心的执着而追求的事业，应当默默进行不引人注目。一个人如果稍微加以宣扬或夸耀，就会显得很愚蠢，毫无头脑甚至小气。”

在卡尔维诺看来，现代人的个性意识已被抹杀，而且被压缩成了“预定行为的抽象集合体”。上树的行为是柯西莫个体意识觉醒之后，对传统意识的反抗，是他自我觉醒的个人意识对社会传统预定的反抗，柯西莫企图通过自己的坚守与抵抗，来摆脱社会预定的限制，从而实现个体的价值，得到个体的完整。

生活在树林之上，与人群保持距离，是柯西莫对理想的持守、对自我的重塑。在普罗大众随波逐流的时代，这样独具一格的英雄主义，显得格外耀目。

结语

古来圣贤皆寂寞，换句话说，他们都是孤独的，与“人群”疏离的，但正如《乌合之众》所写的那样：个体在群体之中常常遭到异化，在群体之中，人的个性会被湮没，独立思考和推理能力将会丧失，智力也会随之下降，并显现出冲动、易怒、易受暗示、轻信等主要特征。因此，只有保持一定的“孤独”，才能获得相应的理智。

弗洛伊德认为：英雄神话是个人把自己从集体统治中解放出来的手段。从某种意义上讲，《树上的男爵》其本质就是一部颂扬孤独的英雄主义的现代史诗。现实世界中的“树上的男爵”，不正是如柏拉图、孔子、苏格拉底、庄子、哥白尼一般孤独的圣人吗？他们的思想超越时代，虽然难以被同时代的人们所理解，但他们甘于持守这份孤独，也乐于从孤独中汲取力量。他们远离人群，并非出于厌倦，恰恰相反，那是一种对人群的博爱。

一个人只有远离人群，才能真正地和他们在一起。

论时空法理与道德审判的自然结合
——观《星际穿越》有感

刘喆

“Love is the one thing that transcends time and space.”——分析部署星际之旅的科学严谨、拯救垂死人类文明的紧迫……冰冷宇航头盔下Brand教授欲以具有女性柔美的浪漫主义话语将这一系列现实同先行者们“温柔地捆绑”。已五次观看此片的我每次都能受到充分的感官冲击，同时我也被不断引入一套科技伦理的联系思考之中：“时空”，现行宇宙平面的客观存在；“爱”。在平时，两者的一并运行都显得是那么的自然缓慢与背景化，而当有一天，若两者的平衡运行被不可逆转地强行打破后，人类将势必面临着人类外部法理与人类内部道德审判的抉择式拷问。到那时，我们的选择是否能够证明“只有爱可以穿越时空”？

自工业革命以来，关于科学技术和道德伦理的冲突和权衡就一直是文艺界、科学界、思想界交叉之焦点。于是，从机器人“终结者”命题到克隆泛滥化设想，从人类文明被侵略论到纳美星球上的人类主动侵略……这些作品以丰富多元的载体将我们人类以一个整体化视角呈现于这一既跳跃又联系着人类现实命运的思考之中。毫无疑问，这对于人类在“主观认可”飞速发展的时代，给予了较为客观的反思视角，是极为可贵的。但我们同样会发现这一系列作品的共性——在冲突与权衡的事件中，人类活动势必要参与冲突两方面的发展，这样的前提构造不可避免地造成一种局限性：我们仍然偏重于以我们的主观经验去推论事件中判断选择的合理性，以及偏重于事件的伦理情感发展而非逻辑发展。可人类需要做好的是我们在自身的道德伦理中的“审判”角色，事件也必受主客观两方面影响从而有逻辑地发展，而对于科技事件象征的客观法理，我们的作品长期以来没有阐释清晰人类与客观法理的联系，也未给予或假设这一法理在人类主观意识上的代表依托。

而克里斯托弗·诺兰则貌似暂时放下传统作品中对事件冲突的构造，在《星际穿越》中以假设定义的方式先对客观法理与道德伦理两端的本体予以明确：在人类自身的道德伦理方面，诺兰较为常规地选择了地球生态恶化引发人类生存危机进而向外太空探索的通用思路；而在对客观法理的设定中，他的确引入了一个强大的依托——时间！自 20 世纪初以来，以量子力学、相对论、宇宙平面弯曲理论为基础代表的现代物理学和天文学便将人类思维引入了一个全新的科学概念理论，即时间空间理论；由此，人类终于在思维上开始跨越自我所处的常规三维空间（在此之内，我们实质上是以存在经验为思维范式），而以一种全新的思维范式去假设、寻例、论证一套宇宙空间系统，即四维空间。

在《星际穿越》以之为基本构造前提的四维空间中，我们人类所生存的三维空间的长宽高空间基本单位将在其中被“抽离”得毫无意义，而在此时，人类建立在传统空间上的经验与认知将不是被挑战，而是直接被解构！就像影片初始库珀博士所展现的当时人类普遍状态一般：“我们曾仰望星空，思索我们在星辰中的位置；而今我们只会低垂头颅，忧虑污泥中的身躯。”——当我们一旦必须跳出自我经验范畴去面对生存问题，我们就如同“洞穴理论”中的人一般，必须收敛自我的主观代入，而要以真正位于客体的位置去感知、领悟、联系（当然，这不一定能完成）以时间为基本单位的真实宇宙空间。哪怕我们在一开始“只会低垂头颅”、十分痛苦，但这正是时间作为我们现行平面宇宙法理的一个体现，即跳出我们人类的主观正误评定，去体现宇宙中真正的“真”。这正是科幻鬼才诺兰在这部影片中的特质所在——在现有人类作品中，实现了科学意义上客观法理至少与人类经验平等的体系。

那么此时，我们每位观众有足够的理由存疑：“当我们都已经不得不跳出经验空间去求生存，这是否意味着我们已经‘堕落’，我们注定迷失？因为我们貌似已经失去了我们所值得拥有的与其他物种所区分的一切。”是啊！我们的道德伦理与基本的价值判断在四维宇宙空间中是显得如此的狭隘与无力，那么我们的一系列道德伦理判断标准乃至于观念还有存在的必要吗——我想，诺兰在影片中最激烈冲突和最平和安详的两处场景为我们展现了一种已然建立于思维宇宙空间的人类思考：最激烈的片段莫过于面对同伴的绝望求生而导致空间中转站被毁，库珀和布兰德必须面对挑战人类思维认知极限的抉择，即“虫洞与黑洞之选”。进入先前探知的土星虫洞则意味着漂流，通过虫洞时飞船上在系外星球上的一个小时相当于地球上的七年时间，即使探险小组的任务能够完成，他们的“救赎”对于对地球上仍然活着的人来说已经是太晚；而顺由黑洞引力进入黑洞，则完全是从根本上进入人类的未知，进入其中假设万分之一的可能性，那位先行者仍有着意识，他（她）也将接受思维完全洗礼式的考验——库珀和布兰德必须在与自己的儿女重逢以及拯救人类的未来之间做出抉择。当库珀的“徘徊者号”进入黑洞后难以徘徊陷入全面“撕裂”状态时，当布兰德的“登陆号”被反向力推离黑洞却可能永远难以在同时间概念上于地球“登陆”时，他们在与外界毫无联系且思维受到急剧挑战与洗礼时的“自言自语”，却以几近于人类原始状态的形式，表达出了“人之为人”无论在何地的特性价值：“布兰德：你难道没有告诉你女儿你是去拯救世界的吗？库珀：没有。当你为人父母了以后，你会非常清楚一件事，那就是你得确保你的孩子有安全感。人类生在地球，但绝不应该在这里灭亡。我害怕的是时间，没有父母应该看着自己孩子死去。”“我们无法给机器人设定怕死的程序。但是人类怕死，正因为这样才能在危急关头激发出无限的潜能。”在此，两位拥有无数人类科学知识的科学家在经历宇宙带来的真正洗礼后所展现出的形象，与其说是迷失，倒不如说是洗尽铅华的“回归”——归于人类本真，归于我们作为这个宇宙世界哪怕一部分的公理性存在价值。

当很多人在低头走路、行色匆匆之际，有几个人能够花一点时间仰望星空？当我们享受科技带来的无数便利之时，又有几个人曾经对科学充满兴趣？当很多人对着神像俯首跪拜，希望耶稣佛祖降下恩惠的时候，又有几个人会明白，靠别人不如靠自己的道理？如果我们安于大自然的施舍，终归会挣扎在饿殍遍地的死亡线上；如果我们没有忧患意识，最终会面对自己的苍凉墓碑暗暗啜泣；如果我们失去了探索和冒险精神，只能眼睁睁地看着种族灭绝。很多人对这些大道理都不屑一顾，好像天永远是蓝的，水永远是清的，生活永远是安逸的，死亡是遥不可及的。其实，按照现在人们这种脆弱的抵抗力，老天爷随便打个喷嚏都会变成弥天大祸。

但在对现实绝望和恐怖的背后，还蕴含着比其更加真实的希望。这种褪去所有人类经验知识的希望，我认为来自一种人类对自我道德伦理的乐观认同，进而在初始和根本上奠定了一个事实：即人类的确是宇宙世界的客体，却不是它的客人！我们是它的以及时间的一部分，是它们的自然而然的孩子，我们的本真即贯穿于宇宙时空中应有的存在。在此冲突之际，诺兰向我们展示了他科幻空间的真正意义，即时空法理与道德审判的自然结合。

时间是如此神秘，是如此难以割舍，我们穿越时间之海，却无法挣脱，只能随波逐流，看着镜子里的帅哥一天天变成老叟，看着镜子里的美女被岁月之刀雕琢成老妪。然而，在影片中，时间已经变成了实体存在，当你置身于四维乃至于跨黑洞的五维空间的时候，时间就像图书馆的书柜，你可以随意浏览。所以，在这里，时间的魔法爆发出了巨大威力，展现了时间的绝对法理！而这法理并不是让身处其中的人类默默屈服的，因为宇宙空间的存在物是自然的，不需征服或被征服的。思女心切的库珀，不断穿越于三维空间里的过去和未来，不断与还是儿童的女儿和已经长大成人的爱女隔墙相望，并且通过莫尔斯电码向另一个咫尺时空传送拯救人类未来的秘密，从而有了来去自如的时间之舱，濒于绝境的人们才获得了希望。至此，我们可以和主人公们一起并肩地完成一场法理审判的平等思考与反思——科学让我们过得更好，时间让我们珍惜生命，而道德伦理（简而言之即为爱）是我们能够快乐生活的强劲动力。不可想象，没有亲人和朋友的世界该有多么可怕，犹如一座白雪皑皑的荒原，无论你走到哪个方向都没有归宿，也没有彼岸。当你独孤地游走于这颗星球之上的时候，形单影只，满腹悲凉，哪里还有乐观可言？亲情的力量是无穷的，它可以让库珀迷失于太空之际还能找到回乡之路；

亲情的魔力就像灯塔，再大的惊涛骇浪，都能指引主人公安全回家。我们不妨做一些假设，如果库珀单身一人，毫无牵挂，那么他漫长的寻找未来家园之旅，最终会被黑暗的宇宙所吞没。只因为没有牵挂，即使他将自己的精神境界上升到肩负全球命运的高度，也无济于事。但是，当他走出家门那一刻，女儿的泪水和悲伤变成了一条坚韧的细线，将他和亲人紧紧缠在了一起，即使跨越无数时空，那根线还在，最终，也是这根亲情之线让他拯救了人类。

在影片由无尽的超正方体空间“融化至”如同天空之城的“库珀空间站”，一切似乎归于平静，归于新生。库珀以跨越百余年却未老的身躯醒来：“多了年龄，也多了智慧，还有重逢的喜悦。”可当他与已为老妪的女儿深情相见，女儿却平静地告诉他“你不属于这里”——在此，时间法理与道德伦理最终完美地展现了它们的自然结合，人类始终受到时间与爱的“审判”，向前看，也可以是一种回归。

我想，诺兰至少完成了他对于影片创作的初衷呈现，诺兰在解释《星际穿越》的创作初衷时说得很清楚，“在我成长的那个年代，对未知有一种狂热期望。但后来几十年中这些热情已经退散。希望我们这次能够开启‘向外延伸’的新时代。”我们总坚信自己有能力去完成不可能的事情。我们珍视这些时刻，这些我们敢于追求卓越、突破障碍、探索星空、揭开未知面纱的时刻，我们将这些时刻视为我们最值得骄傲的成就。但我们已经失去了这一切，又或者，也许我们只是忘了我们仍然是开拓者，我们才刚刚开始。那些伟大的成就不能只属于过去，正如宇宙空间中时空的跨越性，亦如法理同道德伦理的自然结合，我们的探索与成就也将自然地连接我们与所处的真实世界，也将贯通于过去，贯通于于未来的选择之中。

每个灵魂都值得走得更远
——《摆渡人》读后感

徐知越

在电子阅读器内容丰富而广泛的“藏书”中，小说《摆渡人》以其简短的标题和别具一格的封面吸引了我的注意。粗犷而写意的油画画风，勾绘出黄昏映照下的海面，抑或是湖面，一人撑着小舟，于水面行进。这是一场什么样的摆渡？摆渡人担任着什么样的角色？他又将摆渡谁而去？好奇心促使我开始了对这本小说的阅读。

一段时间的阅读后，小说最终以温馨而圆满的方式结尾，迎合了大众的心理，并带给读者以温暖与欣慰。尽管结尾的圆满给我的内心带来平静，但曲折的“摆渡”过程带给人心灵的震撼却是久久不能磨灭的，其中，给我震撼最深的有两点：一是作者克莱儿·麦克福尔对于这场“摆渡”以及生与死的规则的界定；二是这部小说中“爱”所释放出的力量。

小说中的这场“摆渡”，并非渡过某一条溪涧，或是某一片海湾，而是灵魂的摆渡。逝者的灵魂在其摆渡人的引领下，跋山涉水，越过由自己的心相投射出的一片荒原，最终到达另一个世界的入口。荒原之上，所有灵魂，无论是步履蹒跚的老人，或是襁褓中的婴孩，都必须依靠自己的努力和摆渡人的协助前行，在每日的黄昏来临前得到安全屋的庇护，从而免受荒原上魔鬼的侵害。所有的灵魂，在此处都被视为平等。尽管私以为，这样的规则设定，对于手无缚鸡之力的黄发与垂髫太过残忍，但正是这样的规则，使得荒原之上，没有明确的“善”与“恶”以及“好”与“坏”的界定。人性本不应有明确的善恶美丑界定，每个人的灵魂都是一个复杂的统一体，都有值得赞美和批判之处。以小说中一例佐之：男主人公摆渡人崔斯坦曾摆渡过一名纳粹士兵乔纳斯，他是一名纨绔子弟，但当兵成为一名纳粹并非他本意，而是父亲的要求。乔纳斯的死亡，也是因为拒绝了上级要求他杀害无辜犹太人，而为自己惹来杀身之祸。在人世间，他的名字将永久地被与“纳粹”二字捆绑在一起，不断遭到后人的厌弃与唾骂，但在这片荒原之上，在摆渡人的眼中，他只是一个普通的灵魂，他风流倜傥，年轻帅气；他有同情心，他尊重生命而无畏于权势。打个不恰当的比方，每个灵魂或许都像歌曲中唱到，如“洋葱”一般，是一层又一层的，他或她不应被简简单单地以善恶美丑界定，若想要给予一个灵魂完整的评价，首先应和摆渡人一样，对其生命的完整历程有足够充分的了解。因此，这场由作者设置的“摆渡”，以其独特的规则，带给我巨大的吸引力，让我更加深刻地意识到人性的复杂程度，并通过摆渡人这一角色，教给我面对复杂人性时应持有的一份态度。

小说以男女主人公间的感情作为故事主线发展。“爱情”，可以说是这篇小说最为引人注目的一个主题。但其实，不仅仅是二人间的爱情，这篇小说中“爱”的内涵及其力量，其丰富程度值得读者深入挖掘探索。

或许是小说写作的一种手段罢，男女主人公崔斯坦和迪伦分别被放置在了极度缺爱的环境之中，一个无尽地漂泊在荒原之上，摆渡灵魂；一个生活在孤独的单亲家庭之中。但也正是这样的背景，使二人间情感所爆发出的力量震撼人心。他们间的情感，可以说是曲折坎坷的，产生原因也非常复杂，此处不对其进行详细解释，总之，这是一段动人的情感，有些许魔幻但不似电视剧狗血。面对处境危险的灵魂，通常情况下，摆渡人只是会尽力而为，将他们从恶魔手中争夺出来，若是不幸，灵魂落入恶魔手中，他们的情感也并不会产生过大的波动，毕竟，这只是其工作的一部分而已。然而，险恶昏暗的山谷之中，当迪伦的生命即将沦入恶魔手中时，崔斯坦却选择了拼尽全力挽救，即使自身已受到恶魔各种无情残忍的伤害，被拖入恶魔的深水之中。

幸运的是，最终二人都得以保全，继续前行的路。

而后来，当迪伦已然成功穿越边界线后，为了重新与崔斯坦团聚，她冒着极大的风险选择了重返荒原，凭借一人之力，成功越过湖水，终究在山谷脚下，重逢了正在引领下一个灵魂的崔斯坦。做出重返荒原的选择，其风险是难以想象的。迪伦原本可以在分界线那边的世界安心度日，但她选择了回到荒原，即使她要面对的，是一片全然未知。

未曾亲身经历体验，但我相信，一份真诚的“爱”，或许真的有能力迸发出如此之大的力量。这“爱”，未必是爱情，也可以是亲情、友情，甚至陌生人间的真情。何以言之，我们可以从此次疫情看到太多生动的例子。大年三十前后，当武汉的情况愈发紧张，各方面资源告急时，各省市开始出动医疗队进行支援。原以为医护人员们面对这样大的风险与未知性，会多加斟酌考虑，但我所了解到的事实，足以令人感动落泪。我们本地医院在需求出现后立即召开了号召会议，虽然需求量不大，只需九名重症医护人员，但会议刚一结束，请愿书上满满当当签满了姓名，他们没有观望徘徊，真情促使着他们做出这样的选择。

私以为，《摆渡人》作者对于生命的评判与价值观念接近于一名仁心医者，在其眼中，没有善恶美丑，每一个灵魂都是一个平等的个体，都值得走得更远。我们看待身边的人，或许也应该抱有如医者般的价值理念，认识到其灵魂的复杂程度，尽力平等看待，而非以单调的标准将其划为三六九等。更重要的是，要常怀爱心，“爱”是一个社会永恒不变的主题，“爱”让我们有更加强大的信心，跨过人生众多难关。

我只想成为我自己
——《阿甘正传》观后感

白宸豪

“人最宝贵的是生命，生命对于每个人只有一次，人的一生应该这样度过：当他回首往事的时候，不会因为虚度年华而悔恨，也不会因为碌碌无为而愧疚”，这句话最适合形容阿甘的一生。《阿甘正传》不光是一部伟大的电影，它更像是一部思考人生的回忆录，每个人都会在这部电影里找到自己的影子。而人生就像是一盒巧克力，你永远不知道下一块将会是哪种口味，而我们能做的，就是心无旁骛，坚定执着，专注当前。

阿甘的一生都离不开“执着”“专注”这两个词，可能是因为他的智力不高，才让他能做到心无旁骛，专注坚定。阿甘挣脱了脚撑的束缚之后，惊喜地发现了上帝赠予他的礼物，此后幸运地上了大学，顺利地毕业。在毕业后，一次偶然的与军官的接触，让迷茫的他选择了参军。参军总是会伴随着一个问题：“你来当兵干什么？”可能对于我们来说，答案很多，但对于阿甘来说，答案只有“干你叫我干的事”。对于常人来说，这个回答太过于滑稽，但对于军人来说，这也许是教官认为最满意的回答。阿甘就是这样，他只执着于当前的事，不会好高骛远。很多人都会觉得阿甘是一个傻子，但往往聪明的我们却做不到一个傻子的专注和执着。人生其实就是这样，如果执着于一点，专注于当前，就能收获，但我们往往太“聪明”了。

因为阿甘专注于干教官让他干的事，所以他在当兵时期经常受到教官的夸奖，他的智商并没有成为他军旅生活的障碍。在越南战争结束以后，约翰逊总统亲自为他颁发奖章。一个目标结束了，阿甘就会寻找下一个目标，他一直在不停地奔跑，专注地奔跑。为了完成他好朋友布巴的愿望，他用自己代言乒乓球拍的广告费，买了一艘捕虾船，并把它命名为珍妮号，开始了他的捕虾生涯。开始他们只能捕到一些垃圾，再后来，可能是因为上天的眷顾，同行们的捕虾船都被飓风刮坏了，幸存下来的只有他的珍妮号。因为少了同行的竞争，阿甘捕的虾越来越多，他又买了 12 艘捕虾船。因为他，在越南战争中失去双腿和战友的丹校尉也释怀了，但在这个时候，阿甘的母亲病危，他不得不开始下一个目标。人的命运如同羽毛一样，很多时候自己做不了主，命运的风，将你一步一步推到不同的地方。家族世代参军、世代葬身沙场的丹校尉的人生如此，阿甘的人生也如此。想要在漂泊不定的人生中有所收获，我们能做到的只有专注于当前，不断奔跑。

在母亲因癌症去世后，阿甘开始了隐居生活。但他的内心常常孤独，他思念珍妮，但珍妮所代表的价值观与他所代表的价值观完全相反。“二战”让一些年轻人信仰迷失，他们无法专注于当前，也无法执着于一件事。珍妮就是极具象征性的年轻人之一，她代表着一批迷茫的年轻人，追求自由，放荡不羁，厌恶战争，是嬉皮士的缩影。但由于生活的失意，在一个阳光明媚的下午，珍妮终于回到了那个小镇。珍妮和阿甘相处了一段时间，但是他们的相处其实就是两种价值观的博弈。一个是旧思想的坚定执行者，一个是新思想的追求者，阿甘只会心无旁骛地做好当前的事，而珍妮只会走马观花地追求她所想要的美好生活。这注定他们没有办法在一起，珍妮终于再一次离开了阿甘。没有珍妮的阿甘非常的失落迷茫，这时他的脑子里突然出现了一句话：“跑！弗雷斯，跑！”这是珍妮对他说的最多的一句话。于是他开始了长达三年多的跑步，但他只是为了跑步，没有任何杂念。人们总容易把跑步赋予一些特殊的含义，就好像是为了世界和平，为了无家可归的人，为妇女维护权利……人们不相信有些人跑步什么也不为。但事实就是如此，阿甘只为奔跑而奔跑，在独自奔跑时，他把大漠和孤烟甩在身后，他把什么都甩在身后。阿甘认为的跑步简单纯粹，就像阿甘的生活一样。

“是否我们每个人都有注定的命运，还是我们的生命中只有偶然，像在风中飘摇，但我想，也许两者都有。”不管是注定的命运，还是只有偶然，我们能做的只有凭借上天恩赐给我们的一切，专注地成为我们自己，像阿甘一样，不断地奔跑，跑到我们满意的终点。

寻找属于自己的星辰大海
——由庞博被淘汰引发的感慨

于舒凡

在 2020 年 9 月的一期《脱口秀大会》中，庞博以 132 票惨遭淘汰，止步半决赛，成为今年第三季脱口秀大会的第七名。从“交大吴亦凡”到第一季《脱口秀大会》冠军，庞博没有逃脱被钟爱的脱口秀比赛淘汰的命运。这是脱口秀行业的残酷还是自身能力的欠缺？从庞博的历程，我想到了很多。

有所选择，有所取舍，从稳稳的工作到叛逆的选择

庞博从小就是妥妥的学霸，是品学兼优的代表，是“别人家的孩子”。高中毕业、参加河北高考，进入了上海交通大学攻读电子工程与技术专业。大学毕业，顺理成章进入 IT 行业，成为格子衫、双肩包、话少而钱多的程序员。程序员是一份枯燥乏味而充满无限可能的工作，如果没有那场意外的遇见，他程序员的身份会一直稳稳地干下去，直到干不动为止，但这世上总会有“猝不及防的再见和毫无留恋的散场”，当然也会有“突如其来的遇见和始料未及的喜欢”。一次偶然的机会，他接触了脱口秀。台上幽默风趣的

段子一个接一个，台下轻松愉快的笑声一波又一波。这种有趣的表达形式瞬间引起了他的兴趣，打开了他全新的世界。面对稳定的程序员工作和喜欢的脱口秀表演，他选择了后者。2018年，他毅然辞职，成为一名全职脱口秀演员。

他作为上海交通大学的高才生，而且已经有了稳定的程序员工作，专业对口，空间广阔，但他还是决定专职做脱口秀界的人气编剧兼流量演员。从初期冷场不断，到越来越收放自如的表演，理科出身、半路出家的庞博，逐渐褪去青涩和稚嫩，成为第一季《脱口秀大会》冠军，并荣获“脱口秀大王”称号。庞博走出了一条叛逆的道路。

直面生活，坦然接受，成年人的世界从来都不是容易的

明明可以靠脸吃饭，庞博仍然坚持自己讲自己的脱口秀。他将程序员的工作经历融入段子，再加上自己对于生活的观察和思考，他的脱口秀好笑又值得深思，文本内容精致戳人，语言表达方式真诚不霸道，段子高级但不孤傲，表演完整也没有跳脱。人们只看到了他作为脱口秀大王的荣誉、观众的偏爱和可见的名利。他从来不愿过多诉说自己的辛苦，只是归因于自己的创作能力不足。一次采访中，庞博告诉记者：手机上的字自己已经看不清了。因为写稿和改稿，他三天只睡了6个小时……

小时候我们都渴望着长大，幻想着长大后自己会成为的样子：科学家、演员、教授、政府官员……我们想到的都是属于成人的鲜花和掌声，却从来没有想到过成年人生活的不容易。高中时千军万马过独木桥，考上心仪的高校后，在面对沉重课业负担的同时，还需要独自打理日常生活的点滴。当你踏出校门的时候，面对的又是另一维度的竞争和选择。上级的训斥，KPI的考核，地铁的拥挤，回家的孤独，奔波的无奈，路上的无助……这个社会太浮躁，每个人都在标榜着自己有多不容易，每个人都在诉说着自己的生活有多困难，但是成年人的世界从来都没有容易这两个字。这就是成年的礼物，人总不能又要生活得自主，又不希望选择的痛苦，凡事都有两面性。当你抱

怨自己生活很惨的时候，总有人过得比你还不如意。你看到了别人的风光，只是因为别人选择了隐忍和坚持。

前浪后浪，此浪彼浪，荣誉不会唾手可得但会转瞬即逝

从选择了脱口秀开始，作为一个无知无畏的脱口秀新浪，庞博最初的表演，是观众的笑声和欢呼声给予他走下去的信心。但越到后面，难度越大，即使冷场，也要硬着头皮说下去，直到演出结束。记得早前看过一个采访，采访的对象是脱口秀一姐思文，她说自己第一次上台随意讲了几句，观众席一片掌声和笑声，直呼她有天赋。但当她正式站在台上，以一名脱口秀演员的身份开始表演时，底下却是一片冷场和尴尬。这就是业余与专业最现实的对峙。

庞博夺得了第一季脱口秀大会的冠军，却在第三季惨遭淘汰。这一季的脱口秀大会生动地告诉我们：无论你以前有多好，只要你现在不进步，你就会面临淘汰。随着社会的发展，推陈出新的脚步越来越快，前浪还没有来得及享受片刻的安宁，立刻被后浪拍死在沙滩上。仿佛你刚占领了一个高地，立马有汹涌而至的后来者与你厮杀。甚至于不是所有的前浪都能站到顶峰，事实上，大多数人都在压力中如履薄冰。荣誉只属于过去，在这个时代再没有一战成名的士兵，也没有可以吃一辈子的老本。只要我们还有追求，就需要永远在路上，不停地拼搏，不懈地奋斗。

无惧现实，珍视梦想，选择的路再难都要坚持到底

庞博选择了脱口秀作为他的事业，即使在这一季惨遭淘汰亦无怨无悔，正如他离场的时候说：“我希望第一季这个节目结束，不是某种东西的结束，而是某种东西的开始，希望能看到更多更多的朋友都来站到《脱口秀大会》的舞台上，现在我们终于做到了。”最后还借张博洋的一句话和大家说“我

要陪《脱口秀大会》走过四季”。庞博放弃程序员的工作，选择脱口秀事业，我相信是他的理性选择，我也相信他一定会坚持下去，因为，脱口秀是他的兴趣，是他的热爱。一个人，能为了自己的热爱去打拼，是幸福的。

伟大的哲学家康德曾经说过：能充实心灵的东西，乃是闪烁着星星的苍穹，以及我内心的道德律法。梦想，就像闪烁着繁星的苍穹，而现实，就是心中的道德律法。没有梦想的人生是残缺的，但现实的达成需要执着和坚持。愿庞博能在自己选择的脱口秀道路上一路前行，也愿我们也能够慎重地选择自己的方向，并坚定勇敢地走完自己的一生。

珍惜
——《可塑性记忆》漫评

汪子超

从古至今，不论是位高权重的王侯将相，还是名位不彰的民间术士，许多人都探寻过长生之道。随着科学的进步，如今的我们都知道人的生命是有限的，只是不清楚它将在何时终结。那么，如果我们知道了自己生命尽头的确切时间，我们该如何过好这一生呢？

《可塑性记忆》是 2015 年的一部四月番，讲述了一个发生在科技更加进步的未来的故事。日本的一家大公司 SAI 社开发出了具有人类感情的人形智能机器人 Giftia，但这种机器人只有 81 920 小时的工作寿命，超过时限之后，就不得不将他们回收，消除他们的记忆与人格。

故事的男主角水柿司高考失败，在父母安排之下才进入 SAI 社工作，被安排在了终端服务部门——也就是负责回收寿命将尽的 Giftia 的部门。按照规定，回收工作必须由一个人类和一个 Giftia 搭档完成，而他的搭档是一位 Giftia 少女，艾拉。他们在工作中慢慢熟悉了彼此，坠入爱河却不得不面对艾拉的寿命即将终结的事实。

有许多文艺作品是讲究不断设置悬念来吸引我们的，《可塑性记忆》却在一开始就让观众明白了，这个悲剧无可避免；许多作品则有着跌宕起伏的剧情，让我们的心情跟着情节起起落落，这部动漫却一直描写着职员们的工作与生活。不过这一种略有些平淡的日常，有时却更容易让我们共情——毕竟我们多数人都很平凡，英雄的故事往往只存在于梦想之中。

艾拉总是不怎么表露出自己的感情，初识司的时候也离开终端服务的岗位很久了，在办公室里为大家端茶倒水，脸上似乎一直都是略带忧伤的表情，也很少说话。不过，她也会看着摩天轮回忆往事而默默流泪；也会安静地料理香草，感受生命的萌发；也会把生活中的喜怒哀乐，全都写进日记中。她就像现实中性格内向的人一样，总是把自己的所思所想默默留在心底，默默体会着生命的苦辣酸甜，正像她泡的茶一样，小小的叶子，却有着千种滋味，可只有真正喝茶的人，才能体会得到，其他人眼中那只不过是一杯有色透明溶液罢了。

顾城有一首诗，《避免》："你不愿意种花 / 你说 / '我不愿意看见它 / 一点点凋落' / 是的 / 为了避免结束 / 你避免了一切开始。"艾拉正是具有这样逃避的心理。回收到期的 Giftia 在很多时候都是很不顺利的，没有人愿意失去陪伴了自己 9 年之久的 Giftia，他们与真正的人几乎没有差别，甚至比真正的人类更加美好——剧中的 Giftia 虽然也有着各异的性格，却总有着善良、勤劳、包容的共性。正如艾拉所说，"越是美好的回忆，有时可能会令人越痛苦"，在诀别时，许多人在冲动之下，做出许多不理智的事情，有时甚至会导致 Giftia 的人格损坏，变得具有攻击性。艾拉提出要"在考虑用户情感的情况下回收 Giftia"，可自己也是个 Giftia，她不希望在离开的时候让亲近的人感到痛苦，总是对自己的寿命感到忧虑。所以，她明明对水柿司有好感，却总是拒绝和他沟通；在熟悉之后面对司的表白，却当场拒绝了他。其实现实中的我们，也经常有着这样逃避的行为。我们面对没有结局的事情，总是很容易退缩。有时我们机缘巧合来到一座新的城市，却没有在那里长期停留的打算，于是那些美丽的风景我们就不想再去观赏，"反正都是要离开的，这里终究只能是回忆"。有时我们也会希望自己拥有一只可爱的宠物，可一想到宠物很难一直陪伴自己，脑海中便浮现出它们离去的画面，顿时就再没有了勇气；有时我们也想交更多的朋友，可随着时间流逝，大多数朋友都免不了渐行渐远，回忆起来总是显得沉重，所以就宁愿独来独往，茕茕孑立。

但是结果真的那么重要吗？我觉得，如果我们去看了城市里的风景，即使最终离开了，那些美丽的画面总会留在心间；如果我们顺从心意，亲自养了一只宠物，即使几年、十几年后它们离去了，和它们一起生活的场景却总能让我们在回顾往事之时感到温馨；如果我们伸出了友谊的手，即使最终大家各自奔向自己的前程，多年之后再相遇却也有故知重逢的一份喜悦。最终在同事们的帮助之下，艾拉也明白了这样的道理，终于接受了司，希望和他一起创造更多的回忆。

“多情自古伤离别”，我们虽然还年轻，却也能感受到“人有悲欢离合，月有阴晴圆缺，此事古难全”的无奈。而这虚拟的剧情，却比现实更加残酷——艾拉和司一起度过了一段快乐的时光，可她的时间已经所剩无几。他们可以一起工作、一起游玩、一起生活，甜蜜的背后却总笼罩着一层阴影，艾拉不时担心着自己的寿命，司不久之后也拿到了艾拉的回收通知书——需要由他签字。这种不可避免的离别，其实距离我们并不遥远，再过短短几年，我们也要面对大学毕业，朝夕相处的同伴可能再也不会出现在我们以后的世界之中。生活总是要继续的，我们到底应该如何面对呢？

艾拉回收的那天，司和她一起重新去了游乐园，最终两人坐上摩天轮，在那里司为艾拉戴上了回收所用的戒指。艾拉离去了，她最终带走的并非痛苦挣扎，而是一段美好的回忆。她也得到了司的祝福，“祝你能和重要的人，有一天，能够再次相遇。”这也正是她以前在工作中对于其他 Giftia 的关怀。

司也没有沉浸在回忆之中，而是擦干了眼泪，继续努力工作，有了自己的新搭档。虽然部门前途未卜，但他始终在前行着。这也正是我得到的答案：就将曾经的记忆留在心中，我们依然要永远积极地面对未来的生活。

作为精工书院的一员，我参观过我校的机器人所，也见到了我校研制的真正仿生机器人。也许《可塑性记忆》的设定并不符合现实，拥有情感、寿命不长的仿生机器人大概是无法应用的。但这一部动漫，值得我们思考的，并不是未来人与机器人共存的世界。我们的生命也是有限的，究竟我们该如何面对呢？我想，我赞同司的答案。

珍惜时光，珍惜回忆，珍惜现在的每一个瞬间。只要我们懂得珍惜，未来即使聚少离多，也总会有欢乐的记忆不时在我们的梦乡中浮现，这已经足够美好了。